不倫手記

イク事を知った女の卑猥な濡れあと懺悔

劇漫編集部 編

第一章 欲求不満が私を性衝動へと駆り立てる！

第二章

二兎を追う者たちが辿り着く性の流刑地

第三章 決して戻ることのできない倒錯の性世界

第一章

欲求不満が私を性衝動へと駆り立てる！

●女盛りの人妻が若いペニスを味わい尽くす、熟女主導の不貞密会

パート先の男子大学生バイトを自宅ベッドで筆おろし

【告白者】鈴原真矢（仮名）／35歳（投稿当時）／主婦

私は35歳の主婦です。夫とは結婚七年目。小学校一年生、6歳の娘がひとりいます。三年前、夫の昇進を機に都内でも人気の沿線の駅近に建っている中古マンションを購入しました。夫の給料だけでもそれなりにやっていけるのですが、はやくローンを返したいと思っていた私は、娘が小学校に入学したタイミングで近所のスーパーにパートに出ました。

仕事はおもにレジ打ちです。平日の午前九時から午前中だけの三時間です。その時間、レジ打ちで働いているのはほとんどが主婦でした。そのなかでも一年続いている私はけっこう長く勤めているほうで、新しく入ってきたアルバイトにレジの打ち方や接客などを教える教育係的な仕事も任されていました。

そんなある日、大学生の男の子がアルバイトでやって来たのです。佐倉大輝君という名前で、近くにある有名な理工系大学の三年生とのことでした。そして私が教育係

としてバイトのイロハを教えることになったのです。

最初の印象は、とてもおとなしい覇気のない青年でした。ただ、有名大学の学生という偏見もあったのだと思いますが、勉強はできそうな感じです。仕事を覚えるのは早いかもしれないけど、接客はきちんとできるのだろうかというのが、私の心配でした。

「店長、今度新しく入ってきた佐倉君ですけど、レジ打ちの担当なんですか？」

私は店長に疑問をぶつけました。なぜなら、レジ打ちは女性しかいないからです。

「ああ、彼ね。今月いっぱいで品出しの山岡さんが退職するじゃない。だからその後釜ってことで雇ったんだけど、午前中の品出しは山岡さんと新人のふたりでやるほどの量ないから、山岡さんが退職するまでは、しばらくレジやってもらおうかなって」

レジは単純な作業ではありますが、お客様が多いときはすぐに人手が足りなくなります。半月程度とはいえ、レジ打ちの増員は、私にとってはありがたいことでした。

そんなわけで、私が佐倉君に教えながらのレジ打ちが始まります。案の定、彼はとても飲み込みが早く、レジ打ちの段取りもスムーズ。また、不安だった接客も最初は声を出すのが恥ずかしそうでしたが、次第に慣れてきたようで、すぐ戦力になりました。

ひとつ問題だったのは、若くて背の高い彼に話しかけるお客様がけっこういたことです。スーパーのお客様は圧倒的に女性が多いですから、仕方ないのかもしれません。

「あなた今日から？　男の人でレジってめずらしいわね。あ、大学生なの？」

「いつもドアのところで売ってる焼鳥の屋台、今日は出てないわね。なんで？」

レジの清算を待っている間に、複数のお客様が佐倉君に話しかけ、そこそこ長く話していく方もいらっしゃるため、その都度レジの列が進むのが遅くなります。実は私も、朴訥で頭の良さそうな彼に、かなり興味を覚えたことも事実でした。

そして一時間のレジ打ちのあと、二十分の休憩時間になりました。場所の案内も兼ねて、私は佐倉君と休憩室に入りました。

「ねえ、きみ、いい大学行ってるのになんでスーパーのバイトなの？　家庭教師とか塾とか、ほかにあるでしょ？」

「ああいうの苦手なんです。ひとりで黙々とやる作業が好きなんですよ」

佐倉君は、スマホから離した顔をこちらに向けて答えます。

「学校でどんな勉強してるの？」

ひとまわり以上も年上の私は、うざいおばさんだと思われたかもしれません。しかし、佐倉君は丁寧に答えてくれました。

「工学部なんです。建物の耐震とか強度とかの研究ですね。あと、地震のシミュレーションとか」

私にはまったく無縁な世界だと思いましたが、社会的には大いに役立ちそうです。

「じゃあ、将来は建築士とか目指してるの？」

「研究機関みたいなとこに行けたらいいんですけど、まだそこまで考えてなくて。大学院に進まないと、そういうとこは行けないんですよ」

最初は、覇気がなく将来の目的もなさそうに見えた彼でしたが、とてもしっかりしていることがわかり、私は自分の若い頃を思い出して恥ずかしくなりました。なぜなら、当時の私は勉強は二の次、三の次で、サークルや遊びで明け暮れていたからです。

大学を卒業後は不動産会社の事務をして、そこでいちばん真面目そうな夫と結婚しました。自分がそこそこ遊んでいたからこそ、浮気とかしそうにない相手を選んで。

「大学院に進んで、研究機関に就職かあ……私もあのとき……」

当時、私の周りに、もしも佐倉君みたいな男性がいたら、間違いなく夫に選んでいただろう……そんなことを思いました。

夫の性格に不満はありませんでしたが、就業時間が長いわりには給料が少ないことが不満でした。不動産会社なので休みは不定期、土日は必ず出勤。仕事の日は朝早くでかけて帰るのはいつも十一時過ぎ。当然セックス回数は減っていきます。むしろそのことのほうがもっと不満でした。

翌日とその翌日、最初の三日間だけ私が横についてレジ打ちをサポートしましたが、それ以後は佐倉君ひとりでレジに入りました。彼と同じレジに入れないことを少し残念に思っていた私は、ヒマなとき気が付くと、彼のことを目で追っていました。手際よくレジ打ちをこなす姿。お客様に見せる笑顔。それらを見るたび、私はまるで少女のように胸の奥が締め付けられる感じがしていました。私のような年上の女性を、彼はどう思っているのだろうとも考えてしまいました。

その後、休憩時間も変わってしまい、休憩室でいっしょになることはほぼなくなりました。休憩時間がいっしょになるのは次いつだろうと、シフト表をいつになく眺めてしまうし、休日に自宅にいても「明日は佐倉君休みか……」と思うと、パートに行く気が失せてしまいます。

私は彼に夢中になってしまっていたのです。もちろん浮気ではありません。しかし、何かきっかけがあれば、すぐに浮気へと踏み出してしまいそうな精神状態……。

ある日の開店前、佐倉君がほかのおばさん連中に囲まれて、照れくさそうにしていました。私は何だろうと思い近づくと、「彼の大学でね、今度文化祭があるんだって。で、それにどうかって」と古株の山城さんが教えてくれました。

「鈴原さんもどうですか？　あんまり面白くないかもしれませんけど、地震を体験できる車を市から借りることができて、それに乗れるんです」

いつにない笑顔で話す佐倉君。地震を体験できるのがすごいことのように話している姿が印象的ですが、それよりも私が嬉しかったのは、苗字とはいえ私の名前を初めて呼んでくれたこと。私は行くことをすでに決めていました。

文化祭当日は午前中パートに出て、午後は予定なし。夫は仕事なので気兼ねなく行動できますし、娘は課外授業の工場見学があって帰りは夕方になるとのこと。私はひとりで行けると思い、もうすでにわくわくしていました。

そして土曜日の仕事終わり、私は彼の大学に向かいます。ちなみに佐倉君はバイトは休みでした。入口で案内のチラシをもらい、地震体験ができるブースらしきものを探し当てて行くと佐倉君が受付にいました。

「あれ？　鈴原さん、ほんとに来てくれたんですね。よかった、いま空いてるんですよ。すぐに体験できます。というか朝からずっと空いてるんですけどね（笑）」

佐倉君は、スーパーで見せていた表情とはまた違い魅力的な笑顔。私はさっそく地震体験車に乗り込み、模擬の地震を体験しました。ワゴン車みたいなかたちの車のなかにはキッチンが再現されていて、テーブルや椅子も置かれており、普通の家のなかのようです。しばらくすると、車全体が揺れ始めて立っていられなくなりました。震度6とのことでした。約二分間の体験が終わったあと、佐倉君が車に駆け寄ります。

「けっこう揺れたでしょう。自分の家だと思ったら怖いですよね」

そういいながら、私が車から降りるのを手伝ってくれました。

地震体験車は、地面から二メートルほど高い位置に体験ブースがあり、階段を上って入るのですが、その階段を下りていた私は、さっきの揺れがまだ身体に残っていたせいか、途中で足がもつれてしまいました。

「あ、大丈夫ですか？」

咄嗟に佐倉君が私の手をとって支えてくれました。足自体はなんともなかったのですが、まだ身体がゆらゆらします。

「ちょっと揺れのせいで酔ったみたい。でも少し休めば、きっと大丈夫」

私はそばにあったベンチに向かおうとしましたが、そこで彼が、「家まで送っていきますよ」と一言。まだ私の手を握っています。

自宅マンションはそんなに遠くありませんから、彼の申し出に素直に従い、送ってもらうことにしました。佐倉君は途中何度も、私を気遣いながら歩いてくれます。私は、彼に握られている手が汗ばんでいくのを感じていましたし、それと同時に全身が熱くなるのも感じていました。

約十五分後、自宅マンションに着きました。彼は私をソファーに座らせると水をくんできてくれました。私は、しばらく休んで具合が良くなりましたが、佐倉君と部屋でふたりきりになっているのでドキドキがとまりません。

「もう大丈夫。ほんとにありがとう」

私の言葉を聞き、佐倉君も安心したようでした。

「ほんとは、鈴原さんが今日初めての〝お客さん〟だったんです。理工系大学って、男ばかりだから学園祭とか人が集まらないんですよね～。出店もマニアックだし」

「そういえば、女の子は見かけなかったもんね。みんなどうやって彼女とか探すの？あ、いまはSNSか。彼女とかいるんでしょ？」

彼は恥ずかしそうな顔をしています。

「いやあ、いないですよ。っていうか、女子と付き合ったことぜんぜんないんです」

「え！　そうなの。じゃあ、え～と、未経験なの？」

「まあ、そうですね……」

佐倉君とふたりだけという状況が、私をかなり大胆にさせていました。

「でも自分でやったことあるんでしょ？」

「それは……ありますけど」

「どんなの想像しながらやるの？」

スケベな方向に話が向かい、佐倉君は少し引き気味でしたが、それでもきちんと答えようとしてくれます。

「いや、普通のです……」

「恥ずかしがらずに！」

「あの、その、バックで……。その、女の人が四つん這いになってて、感じてシーツを両手でつかんでいるとことか……」

「なにそれ！　ずいぶん具体的ねえ」

「ヘンですか？」

「そんなことないわ。やってみたい？」

佐倉君はきょとんとしていて、私の言葉を理解していないようにみえました。しかし、このチャンスを逃すかとばかりに、私は彼の手をとって、自分のバストのあたりに持って行きました。

「私がいろいろ教えてあげる。安心して、今日は誰も家にいないから」

佐倉君のズボンのうえから股間をまさぐると、少しかたくなっているのがわかります。彼は少し戸惑いましたが、拒否はしません。

「もっと、リラックスして。でも、ココはカチカチでいいのよ♪」

「鈴原さん……やっぱりマズいです。浮気になりますよ……」

そんな声は聞こえていましたが、私は彼のズボンとパンツを下ろしてしまいます。

「ああ！　すごい。若いから元気ね。もうビンビンじゃないの。ねえ、ヘンなこと聞くけど、私いくつぐらいだと思う」

「え？　年齢ですか？　27か、28くらいって思ってました」

若く見られたことが嬉しかった私は、さらに大胆な行動に出て、半分だけカワを被っていた亀頭を完全に剝いてしまいました。

「私、35なの。若い子に、若く見られて嬉しいわ。今日は楽しもうね」

そして私は、少し濡れていたペニスを咥え込みました。

「うっ！」

ペニスはすぐに大きくなりました。反応がとても敏感で勢いが良いのです。夫のペニスを咥え込んだのは、いつだったろうか……とも思いました。はるか昔のように思えます。たしか、半ボッキだった……。

しかしどうでしょう、佐倉君のペニス。私の少しの刺激で短時間にフルボッキ状態です。嬉しくなった私は、たっぷりと唾液を出して、おしゃぶりを繰り返しました。

「どう？　気持ちいい？」

私は、ペニスから口を離して問いかけます。

「いいです……すごく」

「ねえ、このまま口のなかに出したい？」

「それは……わかんないです」

私は彼が拒否しても、口のなかで精液を受け止めるつもりでした。そして、ペニスを再び咥え込み、今度はチュパチュパといやらしい音をたててしゃぶりました。

ときどき、彼が下半身をビクビクさせます。

「ガマンしなくていいのよ。女の人はみんな男性の精子を欲しがるものなの。佐倉君みたいに、若くて元気な男の子の精子ならなおさらよ」

私は、そういうと、おしゃぶりの速度を増しました。ペニスの根元を手で押さえつけ、唇を亀頭から根元まで何度も往復させます。ずっと溢れ続けているガマン汁が、さらに量を増したようでした。

「気持ちいいです！　もう出そう！」

佐倉君が呻いた直後、私の喉を精液の塊が直撃しました。あまりに勢いがあったので、第一射は口内に垂れ落ちることがなかったのです。

「うっ！　ううっ！」

彼が何度か喘ぎましたが、それに呼応して第二射、第三射が、今度は口内にあふれました。鼻腔にまで精子の臭いが充満し、口内はドロドロ。私はペニスを咥え込んだ状態のまま、口内で舌を動かし、一滴の精子も残してなるものかという勢いで夢中でかき集めて飲み干しました。飲み干した後もペニスの根元を押さえていた手を先端部分に動かして、亀頭の先を舌先でチロチロします。サオに残っていた精子がトロリと口内に垂れ落ちる感覚がありました。そして最後の一滴を飲み干しました。すると、どうでしょう。射精したばかりだというのに、もうペニスがボッキをはじめています。

「え？　またボッキしてるよ。若いのねえ。それともかなり溜まってたのかな？」

私は再びおしゃぶりをはじめました。

「ああ！　ちょっとくすぐったいけど、気持ちいいです」

みるみるうちにペニスはフルボッキしてしまいました。

「すごいね。次はオマ○コでイカせてあげるね」

私は、全裸になりベッドに横になります。いつも夫と寝ているベッドで、大学生の若い男の子のペニスを突き刺されることを想像して、オマ○コはもう濡れていました。

「あ、そうよね。正常位じゃなくて、バックで突きたいんだよね」

私は四つん這いになろうとしました。

「鈴原さん、最初は正常位がいいです。どこに入れたらいいか、わかんないかもしれないから……」

そんな佐倉君がたまらなく愛おしく思えた私は、オマ〇コを指で広げて、まるで仕事を教えるかのように丁寧に挿入場所を教えます。

「ここがクリトリス、それで、ここが尿道口、その下が膣、さらに下にアナル……。アナルの上の穴に入れるの？　わかった？」

佐倉君は、わたしの説明を真面目に聞き終わった直後に、ペニスをオマ〇コにあてがいます。オマ〇コが濡れていたということもあったのですが、すんなりと一撃で膣内にペニスが入り込みました。

「そう！　レジ打ちも飲み込みがはやかったけど、おチ〇ポ挿入も教えた通り飲み込みがはやいわ」

「鈴原さん！　すごく締まってます。ボクいま、セックスしてるんですよね？」

「そうよ！　童貞喪失ね。ゆっくりと動かしてみて」

佐倉君はペニスを根元まで突き入れた後、また引き出しました。オマ〇コの感触を確かめるようにゆっくりとしたストロークです。そして二往復、三往復と進むごとに、徐々に動きがはやくなります。

「オマ〇コのなか、どんな感じ？」

「すごく気持ちいです。先から根元までぜんぶ敏感になってる感じです。鈴原さん、抱きしめながら出し入れしてもいいですか？」

遠慮がちにたずねた佐倉君にまた愛おしさを感じた私は、「もちろんよ！」と言いながら自分のほうから抱きついていました。

彼の手が私の背中にまわり、身体をホールドされての正常位です。ペニスはオマ○コ内部を何度も往復していますが、いちど射精したのが良かったのか、今度はすぐに射精しそうにありません。

「鈴原さんは、気持ちいいんですか？」

「当たり前でしょ！　女性は好きな人に抱かれると気持ちいいものなの」

オマ○コの快感が想像以上で、とんでもないことを口走ってしまったと思いましたが後の祭りでした。

「え？　鈴原さん、ボクのこと好きなんですか？」

「はじめてスーパーに来た日から、いい子だなって思ってたの。ヘンな女に引っかかって欲しくないなとも思ったわ」

その間も、ペニスは激しく往復しています。

「だけど……私みたいなおばさんに引っかかっちゃたわね」

「そんなこと言わないで下さい！　ボクも鈴原さんのこと好きですよ。キレイで真面目で仕事ができて……」

「ウソでも嬉しい！　もっと激しく出し入れして！」

そしてペニスが高速で動きはじめます。オマ○コはもうグチョグチョでした。私はいつでも精液を受け止める準備がありましたが、例のバックの話を思い出します。

「今度はバックでして！　佐倉君が興奮するシチュエーションでね」

そして四つん這いになった私の背後から、ペニスを突き入れてきました。数分前に童貞を喪失したとは思えないこなれたストロークです。

「ああぁ！　すごくいいぃ！」

私は本気で感じてしまい、大きな声をあげてしまいます。それと同時に、目の前のシーツを両手でつかんでいました。

「鈴原さん！　ボクもう出そうです。ナカはダメですよね？」

「いいわ、ナカに出して！　今日は大丈夫な日だから。思い切り出して！」

私は大声で叫びました。叫んでいる途中からオマ○コのなかに生温かいものが充満します。「出して」と言ったときにはもうすでに射精がはじまっていたのです。

オマ○コの内部はかなり敏感になっていましたから、勢いのある精液が子宮内部にまで注ぎ込まれた感覚がありました。

「すごいわ！　精子ぜんぶナカに出してね」

何度もビクビクするペニスが、射精を終え動かなくなるまでかなりの時間だったように思います。そして射精が終わっても、オマ○コにペニスが突き刺された状態のままでした。

「まだ抜いちゃダメ！　このまましばらく動かないで！」

私は、四つん這いで挿入されたまま余韻を楽しみました。ときどきペニスがビクビクして残り汁を吐き出すのがわかります。続いて私は、四つん這いの態勢から突っ伏してしまい、同時にオマ○コからペニスが抜けました。

「鈴原さん？　大丈夫ですか？」

動かない私を心配してくれた佐倉君が、私の顔のほうにまわり込み、声を掛けてくれました。驚いたことに、ペニスはまたボッキをはじめています。

「私は大丈夫。すごく良かったから。失神しそうになっちゃった。それより、また、ボッキしてる。ちょっと待って。お掃除してあげるね」

そして私はペニスを咥えました。ペニスに付着していた精液と、私自身のマン汁を丁寧に舐め取っていきます。

「お掃除フェラっていうの。女はねえ、好きな人とセックスしたあとは、きちんと掃除したくなるものなの」

お掃除フェラの途中から、ペニスはやはりまたフルボッキ状態になりました。

「またボッキしてきちゃったね。もう一回したいところだけど、子供が帰って来るかもしれないの。今日はガマンしてね。思い出しながらオナニーしてもいいわよ」

佐倉君は私の話に素直に従い、服を着て帰る準備をはじめます。

「鈴原さん……ボク、また会って欲しいです」

私とのセックスが余程良かったのか、そんなことを積極的に主張してくる彼に驚きました。しかし、私は断る理由もなかったのですんなりと受け入れます。

「シフトが同じ日があるでしょ？　そのとき、仕事のあとでまたしましょうね。でもうちのマンションはまずいから……」

「ボクのアパートに来ませんか？　ひとり暮らしなんです」

そして私と佐倉君の密会がはじまりました。私は若いセフレができたことで有頂天でした。浮気をしているからこそ逆に、夫にも優しくなれて、長時間労働なのに給料が安いという不満を思うことはほぼなくなりました。

予想に反して彼は私にゾッコン……。真面目な佐倉君のことなので、夫と別れて結婚して欲しいと言い出さないか不安にもなります。私は家庭を壊す気はまったくないので、いつか佐倉君と別れなければならないと思いつつも、若いペニスの快感には勝てず、関係を断ち切ることはしばらくできそうにありません。

●暇を持て余した主婦が格安タイ語教室で知り合った小太り男のまんぐり返しに酔う

セックスレスな奥様の気分転換は濃い目の中出し性交

【告白者】二階堂文枝（仮名）／35歳（投稿当時）／専業主婦

私は夫とふたり暮らしの専業主婦です。子供がいないため平日の昼間はすごくヒマで、学生時代からの友達と外で会ったり電話をかけたり、テレビを見たりネットをしたりと勝手気ままに時間を過ごしていました。でも昼間会える友達は、やはり私と同じ専業主婦。彼女には小さな子供もいますから、頻繁に会えるわけではありません。同時にテレビやネットでの暇つぶしにも最近は飽きて来て……。

でも、そんな時は外に散歩に出かけるようにしたんです。ただ、あてもなく歩くのも嫌なので、歩いて三十分くらいのところにある市役所を目指して。今は、二日に一度くらいのペースで散歩しています。

私の自宅がある地域は、住宅地と田畑が混在する都心のベッドタウン。歩くと気持ちが良く、それなりにストレス解消になります。そして折り返し地点の市役所に着いたら、敷地内のベンチで休憩をして帰路につくというわけです。

そんなある日のこと、市役所の掲示板に貼られていたタイ語教室の案内が目に止まりました。本格的なタイ語教室なら、月謝がウン万円するところも珍しくはありません。しかし、市役所で見つけたタイ語教室は、週一回二時間で月に数千円……激安！さっそく私は案内に書いてあった電話番号に電話をかけて入会の意思を伝えました。

十年以上前になりますが、実は私と夫の新婚旅行先がタイ。大学の卒業旅行で初めて行ってから、すっかり魅了されてしまいました。結婚前のOL時代も長期休暇のときは必ずタイ旅行。結婚後も夫と近所のタイ料理屋に行って、プチタイ気分を満喫したり。「夫が定年退職したら移住も良いかも……」そんな願望も持っているんです。

タイ語教室は公民館を使って開かれていて、基本的にグループでの会話が中心とのこと。主催者は日本人でしたが、日本の学校に通うタイ人の大学生が講師となり教えてくれるとのことでした。というわけで私は案内を見つけた翌週から、さっそく参加することとなったのです。

教室の参加者は、基本的に七名。タイが大好きな主催者とその奥様、そしてそのご友人など、かなりアットホームな雰囲気です。

小山さんという私と同年代の男性も一人いました。ほかの参加者と同じく小山さんもタイが好きなのは間違いなさそう……でも、いかにもモテなそうな雰囲気の漂う小太りな男性でしたから、偏見とは思いつつも、「タイの若い女の子目当てでタイ語を習っているのだろう」と勝手に決めつけていました。

よく知らない男性の下半身事情など、本来はどうでもいい話だと思います。しかし当時の私は、そんなことを考えてしまうほどに欲求不満でした。主人は私よりもひとまわり以上も年上で、しかも毎日仕事が忙しく疲れ果てて帰宅します。お約束とも言える「セックスレス」がずっと続いていたのです。

実は、結婚前の時期を入れてもセックスしたのは十回もなかったのではないでしょうか？　たまたま主人の帰りが早かった日や、週末にチャレンジするのですが、主人がなかなかボッキしてくれないことが多く、いつも中途半端な状態で断念……。結果、セックスレスが続き、今ではそれが当たり前となってしまったのです。

セックスをしないまま女の盛りを過ぎてしまう焦りはありましたが、かといって浮気をするほどの勇気もなく、心のなかにモヤモヤしたものを常に抱えながら、毎日をすごしていたのです。

タイ語教室は、予想以上に刺激的で面白く、また実用的なものでした。私はかなり真剣に取り組んでいたのですが、それ以上に小山さんのがんばりがとても目立っていました。小山さんは私が入会するひと月前に入会したとのことでした。タイには社員旅行で一度行き、そのとき屋台の水を飲んだことで食あたり……結局は楽しめなかったのだということでした。そのときのリベンジもふくめて、タイ語を習ってまたタイを旅行するのだとか。

私と小山さんは途中まで帰り道が同じでしたから、そんな話をしながら帰ったこともありました。しかし、その程度のことでタイ語を習いたいと思うものなのか……動機としてはとても弱いなと思い、やっぱりタイの若い娘といいことをしたいと思っているに違いないと、よりいっそう偏見を強めていきました。

私が入会した十月の後半から、あっという間に二カ月が過ぎて年末を迎えました。アットホームな雰囲気の教室でしたから「都合が合う人たちだけで忘年会を開こう」ということになったのです。

タイ語教室がおこなわれている公民館の付近はなにもありませんから、全員でバスに乗り、最寄りのターミナル駅まで移動。忘年会は駅付近の居酒屋で開かれました。普段、教室ではタイの話題以外はあまり出てきません。でもその日は、家族構成やどういう仕事をしている人なのかとか、もちろんタイの魅力についての話なども忘年会の話題の中心となっていました。

私はたまたま小山さんの向かい側にすわり、当たりさわりのない話をしていました。思えば、大勢……といっても七名でしたが、そんな人数で居酒屋に来たことなど学生時代以来のことですから、私はいつもより少しテンションが高め。普段、お酒はあまり飲まないこともあり、忘年会開始の約20分後にはかなり酔ってしまいました。毎年、年末は主人が忙しくて午前様になることも多かったので、私の帰宅が遅くても大丈夫……という気の緩みもあったと思います。

私は酔っ払っているうちに、目の前で当たりさわりのない話をしている小山さんに少しイライラしてきて、イジワルをしたい気持ちになりました。

「小山さん。なんでタイ語習おうと思ったんですか？　怪しいですよね」

気付くと、私は小山さんにからんでいました。

「好きでまた行きたいと思ってるからですよ。怪しい？　どういうことですか？」

「ぜったい、怪しいわよ。タイでいいことしようと思ってんじゃないの？　ここにいる女性陣たちはみんなお見通しなんだから。ねえ若林さん？」

隣に座っている若林さんに同意を求めていました。ちなみに若林さんとは、主催者の奥さんです。

「いいことって……ボクは、タイで楽しくお酒が飲めたら楽しいだろうなと思ってるだけですよ」

「楽しくお酒って……アナタ、さっきからウーロン茶ばかりじゃないの！」

私がそう言うと、小山さんはあたふたして黙りました。その姿を見ていると、私はさらにイジワルしたい気持ちが大きくなってくる気がしました。と同時に、私は自分にそんなSっ気があったことにちょっとビックリしていました。

やがて忘年会はお開きになり、居酒屋で解散となりました。私はけっこう酔っていたので、若林さんが心配してくれて私の家まで送ってくれることになったのですが、「方向がいっしょだから、ボクが送り届けますよ」と、小山さんが私を自宅まで送ってくれることになりました。

年末ということもあり、駅のタクシー乗り場はかなりの人がタクシー待ちをしていました。私は夜風にあたったことで、酔いはかなり醒めてきていました。

「二階堂さん、大丈夫ですか？　いま、タクシーを待ってますからね」

小山さんは、私が相当酔っていると思ったのでしょう。居酒屋から出てすぐに、私の身体を支えながら、そんな話をしてきます。酔いがそこそこ醒めて、頭がすっきりし始めた私は、気がつくと、自身のことを饒舌に話し始めていました。

「主人はひとまわり以上も年上で、夜の営みがぜんぜんないの。なかなかボッキしないのよ。なんか、このまま枯れていくのかなあって……。アンタはいいわよ、タイの若い娘とセックスできて。私と歳があまり違わないのに、性欲がある感じ。いつでもボッキOKみたいな……」

「二階堂さん、まだかなり酔ってますね。まあ、たしかにゴーゴーバーとか行こうと思ってましたけど、そのことと、二階堂さんのセックスレスと関係ないじゃないですか」

そんな話をしているうちに、タクシーの順番がまわってきました。

「二階堂さん、自宅はどこですか？」

小山さんにたずねられましたが、いい気分の私はこのまま自宅に帰りたくなくて、運転手さんに別の行き先を告げていました。そしてタクシーが走ること約十五分、車がひっきりなしに走る広めの国道に出ました。そこからさらに二、三分ほど走ったところで、降ろしてもらいました。私を自宅まで送り届けると言ってくれた小山さんは、律儀にもタクシーを降りて、私のあとをついてきてくれます。

「え？　こんなところなんですか？　二階堂さんの自宅って。あたりに民家はないんですけど……」

訝しがる小山さんの手を引いて、近くに建っているホテルのなかに入って行きました。そこは、国道沿いにある下品な雰囲気のラブホテルで、さっきから小山さんの目にも入っていたはずですが、まさか私に手を引かれていっしょに入ることになろうとは……。実際、小山さんは呆然としたまま言葉を失っているようでした。

「あ、あの、これはまずいですよ……」

「いいから、今日だけは私の好きにさせて」

私がそう言うと、小山さんはとりたてて拒否するわけでもなく、私に手を引かれて一緒に部屋の中へと入りました。

「私、セックスレスって言ったけど、アンタも女っ気ぜんぜんないんでしょ？　お似合いじゃない」

そういいながら私は、自分でも驚いていました。自分の積極さと下品な物言いにです。でも、小山さんは絶対拒まないという確信がありました。相手はタイの若い娘目当てのどうしようもない中年男。そんな男性を嫌悪する気持ちが裏返り、逆に惹かれたのかもしれません。

理屈に合わない行動をしている私は、自分がオンナであることを痛感していました。やがて、極めて自然に前戯が始まりました。

予想に反して、小山さんの愛撫はとても丁寧で、全身がすぐに熱くなっていきます。私の服を優しく脱がしたかと思うと、すでにボッキしていた乳首を口に含まれました。舌先で転がした次は根元を噛んできます。そしてその繰り返し。始まる前は、私のほうが優位に立っていたと思っていたのに、いざ前戯が始まると、小山さんのペースです。

「あん！　もう焦らさないで。グチョグチョなのわかってるでしょ……」

私は、はやくチ○ポを入れて欲しくて何度か懇願しました。しかし、小山さんは右の乳首を堪能したら、次は左の乳首というように、時間をかけて愛撫してきます。やがて小山さんの舌が、私のウエストを経て股間に下りてきたときには、オマ○コはすでに洪水状態。

「クリも中も感じるの」

私の話を聞いているのか聞いていないのか、小山さんは股間も時間をかけてじっくりと責めてきます。クリトリスを舌で転がし、ときどき膣内に舌先を突き入れてきました。

「むちゃくちゃスケベな味の汁が出てる。ヤリたくて仕方なかったんでしょう？」

加えて、マン汁が過剰なのを指摘されてますます私は興奮しました。まだ夫とのセックスがあったときのことを思い出しても、夫とのセックスでは味わったことがない高揚感がありました。

「こんなポーズされたことありますか？」

小山さんはそういうと、私の両脚を高く持ち上げて自分の肩に乗せました。いわゆる、まんぐり返しの格好です。その瞬間、私のオマ○コからマン汁がこぼれてきました。陰毛を伝い、お腹のあたりを垂れています。

「濡れやすいんですね。やりがいがあります」

そう言った小山さんは、私のオマ○コに吸い付き、ふたたび舐め始めました。クンニというよりもマン汁を吸い取るといったほうが正しい表現かもしれません。

かなり窮屈な体勢でしたが、私はこのままずっと吸い続けて欲しいと思っていました。それほどの快感でした。ふりかえれば、夫をふくめ、これまでセックスした相手とはきちんとした前戯をしてこなかったように思います。だからこそ、こんなにも濡れているんだ……私は、オマ〇コに全神経を集中させるように快感を受け止めます。

舌がずっと膣内をピストンするかと思うと、突然クリを舐めたり、またクリと膣の間の部分を舌先で押したりしてきます。どの部位を責められているのか、はっきりとわかるくらい、私のオマ〇コは鋭敏になっていきました。

するとそのとき、これまで味わったことがない感覚に襲われました。小山さんの舌が私のお尻の穴をとらえていたのです。

「ああ、そこは……すごく恥ずかしい……」

「こっちの穴も刺激すると気持ちいいんですよ。二階堂さん、ものすごくスケベだから、きっと気に入ると思います」

そう言った小山さんは肛門の表面を舐めるばかりか、穴の内部に舌先を押し込んできました。

「あぁ……あぁ……！　気持ちいぃぃ！」

　私はたまらず大きな声を出して叫んでいました。肛門への愛撫が始まる前は、シーツをつかんで身体を強張らせていたのですが、舌先が肛門に入り込んだ瞬間、突然下半身の力が抜けてしまい、そのままでんぐり返ししそうになりました。そんな私を、小山さんが支えてくれたのですが、相変わらず肛門への刺激は続いています。

「もうガマンできない！　はやくチ〇ポ入れて！」

　思わず懇願していました。いま振り返れば卑猥な言葉も叫んでいて恥ずかしいのですが、そのときはとにかく夢中で、「チ〇ポを挿入してもらわないとおかしくなってしまう」と思えるくらいの興奮と快感に襲われていたのです。

　もうすでに小山さんのチ〇ポはビンビンにボッキした状態です。直後、小山さんは私を普通にベッドに寝かせると、正常位で挿入してきました。ゴム無しです。生のチ〇ポが、鋭敏になっているオマ〇コに滑り込みます。マン汁でグチョグチョでしたから、本当に滑り込む感じでした。小山さんのモノは普通サイズでしたが、強い力で膣壁を圧迫してきます。竿の太さが平均よりかなり上って感じかな。

　ところが、膣内の感覚がマヒしてきたといいますか、なぜか小山さんが動いているような感覚がしなくなってきたのです。「えっ？　どうしたんだろう」と思い、結合部に顔を向けると小山さんが困ったような顔が……。

「ねえ、どうしたの？」

「いや、ちょっと、ごめんなさい。ナカ折れみたいです……」

「ナカ折れ？　なんで？」

私は素っ頓狂な声を出してしまいました。それはともかく、小山さんのチ○ポが委縮したので、膣内の感覚がなくなってしまったわけです。

「ボク、自分の手でシコシコするんですけど、力いっぱいやるからチ○ポが強い刺激に慣れてしまって……」

「え？　何？　私がユルいってこと？」

「いや、そういうわけではなくて、濡れ方がすごいんですよ。だから予想以上に滑ってしまって……」

そんなやり取りをしましたが、だからといって小山さんのチ○ポが再ボッキするわけではありません。さっきまでの興奮はどこへやら。私はなんとも複雑な気持ちになってしまいました。

「ねえ、どうすればもういちどボッキするの?」

「じゃあ、キスしてください。ディープなやつ。キスしながら自分でシコシコしますから……」

そういえば、前戯が始まる前にキスがなかったと思いながら、私は小山さんに言われた通りに唇を合わせました。すぐに口のなかに舌が侵入してきます。お互いに舌を絡めながらのディープキスです。小山さんの息づかいを間近で感じると同時に、私はまたオマ○コが濡れてくる感覚がありました。

一方、小山さんは自分が言った通り、手でチ○ポを握りシコシコしています。しばらくすると、再びもとの大きさに復活してきたようでした。

「良かった、また大きくなってるよ。今度は私に舐めさせて」

そう言うと、私はすぐに跪きチ○ポを咥えました。ものすごく濃厚な臭いと味が口内に広がります。それまできちんとしたフェラをした経験などなかったのですが、このときは自然とディープなおしゃぶりをしていたと思います。私のＤＮＡにチ○ポを咥えて愛撫するやり方が組み込まれているのだろうかと思えたほどです。

「ああ、すごく良いです。尿道口のあたりを舌でチロチロしてもらえますか?」

小山さんのリクエストがとても具体的でわかりやすかったのもありますが、言われるまま私は自然とスケベなプレイをしていました。私の舌先が尿道口を刺激するたびに、小山さんのタマがビクッと動きます。その動きを何度かみていると、私はさらに興奮してきて、気がつくと自分の指でオマ〇コをいじっていました。

「二階堂さん、すごく恥ずかしいことをお願いしてもいいですか？」

「ええわお！」

チ〇ポを咥えながら返事したので、変な言い方になってしまいましたが、小山さんは、そのことにも興奮していて、その瞬間またタマがビクッとします。

「チ〇ポを手で握りながら、タマの裏を舐めて欲しいんです」

もちろんタマの裏など舐めたことなかった私でしたが、言われるままチ〇ポを手でしごきながらタマ裏に舌を這わせました。小山さんがさっきやってくれたクンニのお返しとばかりに、タマ裏のシワのひとつひとつに舌を滑らせ……とても丁寧で念入りな愛撫。チ〇ポへの手での愛撫も続けながら……。

タマ裏を舐めるのに加えて、ときどき亀頭を咥え込むと、小山さんの口から呻き声のようなものが上がります。また、タマ裏といっても意外と広範囲です。行為に没頭した私は、サオに近い部分のタマ裏から、遠いところのタマ裏まで隈なく舐めました。結果、タマ裏が私の唾液でヌルヌルになってしまいます。それに加えて、チ○ポの先端からはガマン汁が絶えず溢れていて、それが私の手にも垂れてきていましたから、サオもタマも私の手も、もうグチョグチョ状態。

「すごく良いです……もうひとつお願いしてもいいですか？　さっき、ボクがやったみたいにお尻の穴を責めて欲しいんですけど……」

私に迷いはありませんでした。私は寝転がった小山さんの両脚を持ち上げて、お尻の穴のほうに舌を這わせます。タマ裏から垂れてきた私の唾液がお尻の穴にまで垂れてきています。私の舌先を期待してか、お尻の穴はヒクヒクと動いています。

そして小山さんの肛門への愛撫が始まります。余程気持ちが良いのでしょう、私の舌が肛門のシワをさする程度で、小山さんが野太い声を上げます。そして、肛門に舌を入れると、その声が今度は甲高いものに変わりました。

「ねえ！　チ○ポを手でしごいて！」

小山さんが呻き声の合間に、私に切望します。私は言われるまま、チ○ポを手でしごき、またときどき肛門から離した舌先で、カリを舐めまわしました。チ○ポはいままで以上にビンビンになっています。

「もうこんなにビンビン！　イケるんじゃない？」

私はすかさず横になり、脚を広げてグチョグチョに濡れたオマ○コを晒しました。そして小山さんは、私の唾液とガマン汁でヌルヌルになったチ○ポを再びオマ○コに突き刺したのです。

最初の挿入時よりも長さが増したのでしょうか、子宮が圧迫される感覚に襲われました。あまりに激しい感覚のため、私は無意識に自分の腰を引こうとしたのですが、小山さんに腰を強く押さえ付けられてしまい、子宮への圧迫感は少なくなるどころか、強くなるばかり……。そのうち、結合部分からピチャピチャ……という卑猥な音がリズミカルに響き出して、それを聞いた私はさらに興奮状態へ……。

「二階堂さん、どのくらいレスなんですか？」

「わかんない、わかんない……」

私の神経はオマ○コに集中していましたから、小山さんの問いかけにきちんと応えるのはムリでした。やがて、子宮への圧迫感がさらに強くなったと思ったら、次の瞬間は和らぎ、そしてまた強くなる。ピストンの速度が増している証拠でした。そのとき私は、オマ○コのなかにザーメンを注ぎ込んで欲しいと思っていました。そして思うだけではなく、大声で要求していたのです。

「出して！　ナカ、出して！」

頭がきちんと働いていませんでしたから、断片的な言葉しか発することしかできませんでしたが、その数秒後、膣内に生温かい感触が広がりました。ザーメンです。直前にチ○ポがビクビクと脈打つのを感じたタイミングで、私が中出しを切望したのです。そして、小山さんの動きが止まり、結合部分の卑猥な音も同時にしなくなりました。

しばらくした後、小山さんがチ○ポを引き抜いたとき、オマ○コからザーメンの塊が快音とともに排出されました。それを聞いた私たちは何だかおかしくなり、顔を見合わせて笑ってしまいました。

「二階堂さん、どうしよう……子供できちゃうかも」

「ほんとだ……仕方ないから、私、旦那と子づくりするわ。もしも妊娠してたら、旦那の子として育てるつもり。でもその代わりに、また会ってくれる？　すごく良かったから……」

今日は安全日だから大丈夫……、そんな確信はありました。しかし、ちょっとしたイタズラ心からそんなふうに応えてしまったのです。

「それよりも、もうタイに行って若い娘を抱くなんてことやめなさいよ。私のオマ○コで充分でしょ」

「ボク、いままでけっこうな確率でナカ折れしてるから、いつもセックスのときはその心配が先にくるんです。だからクンニとか前戯に時間をかけてたんですけど……、二階堂さんとなら、ナカ折れ解消できそうな気がしてます」

「なに？　私をアナタのナカ折れ解消に利用しようって魂胆なの？　でもまあいいわ。私は旦那がいるし、家庭は壊したくないし」

そして私たちは、大通りに出てタクシーを拾い、今度はちゃんと私の自宅まで送ってもらいました。旦那がまだ帰ってきてなかったのですぐにシャワーを浴びて、浮気の痕跡を洗い流しました。

私は、いまでもタイ語教室に週一で通っています。小山さんも相変わらず参加していて、教室を終えたら必ずホテルで一戦を交えるようになりました。もちろんタイ語を習うことよりも、そのあとの浮気のほうがメインになっていますね。

●いつも薄着でデカパイをアピール！　その人妻、誘っているのか天然なのか……

ご近所奥様の美巨乳が私を地域活動へと駆り立てる！

【告白者】竹沢有一（仮名）／40歳（投稿当時）／会社員

昨年、私はちょっとムリをして郊外に新築の一軒家を購入しました。それまでは妻とふたり、会社の比較的近くのマンションに住んでいたため、通勤時間は倍近くになりましたが、念願のマイホームを手に入れたことで、仕事や日常生活にも張り合いができたのです。

私たち夫婦にはまだ子供はおらず、妻も働いてました。しかし、将来的には子供が欲しいと思っていて、マイホームでの家族団らんを夢見ていました。また、駐車場やちょっとした庭もあり、近い将来は車を購入して、庭には花をたくさん植えようと妻と語り合ってもいました。

とはいえ、マンションと違い一軒家は、いろいろと面倒くさいことがあります。屋根や壁の修繕など維持費に想像以上にお金がかかることは入居前からわかっていましたが、入居後にわかった面倒なことのひとつは町内会です。入居して一週間後に町内会の班長という方が自宅に来られて、町内会に入ることになりました。

とくに断る理由もありませんでしたし、住宅が比較的密集している地域でもありましたから、地域の方々とトラブルなしにやっていきたいという気持ちがあったからです。しかし、町内会の活動がけっこう多くて、時間をとられてしまうことが後からわかります。地域の用水路の掃除やゴミ集積所の掃除、小学生の登下校時の誘導などです。私たち夫婦は、平日の昼間は会社に行っていますから平日の地域活動の参加はできませんが、だからこそなおさら土日におこなわれるさまざまな活動に参加を促されることになります。

なかでもいちばん大変なのが用水路の掃除です。普段は役所がやっているそうなのですが、それだけでは回数が少ないため、地域の有志が掃除をするということでした。地域の用水路は意外と大きく、小さな川といったほうが正確に伝わるかもしれません。掃除道具を手に用水路に下りていき、草刈りをしたり、捨てられているペットボトルや各種ゴミを拾って回収します。

かなり大がかりな規模でおこなわれていて、強制ではないにしても参加者はいつも五十人以上いました。その五十人が、いくつかのグループに別れて用水路の掃除をするわけです。

いまでも関係が続いている、不倫相手の真子さん（仮名・33歳）と知り合ったのも、用水路の掃除でした。その日私は、班長さんの指示に従い、用水路の掃除の前に近くの集会所に行きました。そこで、まとめ役の人から、グループ分けや諸注意を聞きます。手持ちの荷物は集会所内に置き、掃除道具を持って用水路に向かうという段取りでした。私は、休憩時に飲もうと思いペットボトルのお茶と缶コーヒーを持って行っていましたから、それらを集会所に置いて用水路に行きました。

一時間の掃除のあと20分の休憩をはさんで、また一時間の掃除をして解散という流れでした。細かい内容は省きますが、私ははやく地域に溶け込みたいという気持ちから、いつになく張り切りました。ゴミ取り用のトングではさむのを皆が嫌がる、ネズミの死骸を積極的に片づけたり、水草のなかに埋もれていた財布を見つけ出したりしたことで、多少株が上がったのではないかと思います。

そして一時間が過ぎ、休憩時間に入りました。私はさっそく集会所に置いていたお茶を飲もうとしたのですが見あたりません。小さめのレジ袋に、ペットボトルのお茶と缶コーヒーを入れていたのですが、袋ごとなくなっています。しばらく探したのですが、集会所のどこにもありません。

私は、エプロンを身につけて、集会所の流し台のところに立っていた女性に聞いてみました。その女性が真子さんでした。

「え？　あの……え～と、ここにあったやつですか……集会所のものと思って、掃除が始まるまえにちょっと飲んじゃいました……すいません。あ、でもほかのがありますから」

そう言った真子さんは、集会所の冷蔵庫から、お茶やら缶コーヒーなど、いくつか持ってきてくれます。

「ああ、そうですか……いや、とくに飲みたかったというわけではなかったんです。

じゃあ、これもらいます」

私はなぜか恐縮しながら、私が持ってきたものとは違うペットボトルのお茶を手に取りました。

そんなことがきっかけとなり、私と真子さんは、道ですれ違ったときには、挨拶だけでなく少し世間話もするようになります。ちなみに、最初の印象は、すごく感じのいい人だなということでした。それに加えて、私の目を引き付けたのが、真子さんの大きなバストです。エプロンのサイズが小さいのか、胸がはち切れんばかりになっていました。

実のところ、お茶を探していた私は、最初真子さんと話をしたとき、その胸に視線がクギ付けになっていましたから、そのことを悟られてやしないかとドキドキしていました。それはともかく、真子さんとさらに親密になったのは、用水路の掃除から約三カ月ほど後のことでした。

近所に二十四時間やっているドラッグストアがあり、野菜やら弁当やら牛乳など、ちょっとしたスーパーみたいなラインナップのものも置かれていて、近所のスーパーが閉店したあとなどは、よく利用していました。

そのドラッグストアで真子さんとよく会うようになったのです。時間帯はだいたい夜の十一時ごろです。私は最初、翌朝に食べる食パンを妻に頼まれて店に行ったのですが、やはり真子さんも翌朝の食パンやら牛乳やらを買いにきているようでした。

「あれ！　また会いましたねえ。今日も食パンですか？」

最初は世間話が中心でしたが、やがてお店から自宅に帰る道すがら、それ以上のことを話すようになりました。真子さんの旦那さんは、ひと月前から単身赴任で自宅におらず、週末にしか帰ってこないことや、子供が欲しいけどまだいないことなどです。

私はずっと聞き役に徹していました。実は、それには理由が……。ドラッグストアに来たときの真子さんの服装があまりにも刺激的過ぎたのです。

夜の十一時で自宅の近所ということもあったのでしょう。ロングTシャツ一枚でサンダル履きという姿。ロンTは膝下くらいまで長さがあり、そこから覗いている生脚は魅力的でしたし、それよりも、やはり圧倒されたのはバストのボリュームです。ブラジャーもロンTもはち切れんばかりになっていました。

私は、真子さんの話を聞きながらやはりバストに目がクギ付けになってしまいます。さらに、下はパンティだけに違いないと妄想して無茶苦茶興奮しました。そのときの真子さんが、私の卑猥な視線に気付いていたことは間違いありません。

というのも、夏の夜などは、ロンTのタンクトップバージョンみたいな服装で来たことがあったからです。Tシャツよりもさらに胸が強調されていて、また腋の下から横乳のあたりがときどきチラチラ見えました。そして、私のそんな視線に気付いた真子さんは、髪を手でかき上げる仕草を見せて、腋の下を全開にしたまま動きをとめたりもしました。

「今日は暑いからやんなっちゃう。せっかくお風呂に入ったのに、また汗かいちゃった♪」

そんなことを言いながらの腋全開に、私は興奮しながら、目を見開いて腋の下の汗を探してしまいました。

「竹沢さん（仮名）って、奥さんも働いてらっしゃるんですか？」

「そうなんです。妻のほうが帰りが遅いときもあるんですよ。妻は休みも不定期なんで、なかなかいっしょの時間がつくれなくて……」

そんな会話をしながら並んで歩き、それぞれの自宅に帰るのが日課になっていました。そしてある日、事件が起きたのです。

やはり夜の十一時ごろ、真子さんと私はドラッグストアで会いました。自宅に帰る道すがら世間話をします。

「あの～竹沢さん？　明日の土曜日、奥さんとふたりで私のところに来ませんか？　ちょっとしたランチを用意しようと思うんです」

このときの私は、真子さんのバストに魅せられてしまっていたことで快諾したい気持ちでいっぱいでしたが、ひとつ問題がありました。

「じつは明日の昼は、妻が仕事でいないんですよ。だから妻がいるときのほうがいいかもしれません……」

「あら、そうなんですか……でも料理をもう準備してるんですよ……困ったわ。もし竹沢さんがよければ、おひとりでいらして？　ね、いいでしょう」

というわけで私は翌日、真子さんの自宅にお邪魔することにしました。しかし、旦那さんの留守中にもかかわらず、男ひとりで行くことに戸惑いがあった私は、結局妻には言い出せませんでした。もちろん、やましい気持ちがあったのも事実です。

そして当日、私は、仕事に行く妻を玄関先で見送りました。

「私、今日遅くなるかも。昼と夜は自分で勝手に食べてね」

妻はそう言って出かけて行きました。このとき私は、真子さんのことで頭のなかがいっぱいでしたから、妻の帰宅が遅くなると聞き、心のなかでガッツポーズをしていました。

ところで、真子さんとの浮気に前のめりな私ですが、妻との関係は決して悪くはありませんでした。しかし、妻は貧乳でした。大きなおっぱいが大好きな私でしたが、結婚前は、おっぱいが大きいだけで妻を選んではいけないという理性が働いていたため、妻と結婚しました。性格もよくて働き者の妻なので申し分ないのですが、いかんせん問題はセックスです。たとえば、騎乗位でおっぱいがゆっさゆっさと揺れる様を見てみたいし、またパイズリもして欲しい。しかし貧乳の妻にはムリです。

だから、妻には実は「巨乳が好き」ということは、一度も明かしていません。男女の関係はセックスだけじゃないとも思っていたからです。

しかし、そんな私の目の前に巨乳の真子さんが現れました。しかも、どういう意図か計りかねますが、私に対して、わざとバストをアピールしているようにも見えます。

私は、当然ながらワンチャンあるかもという下心はありましたが、妻への罪悪感もあり、ランチを食べに行くだけだと自分に言い聞かせて自宅を出て、真子さんの自宅に向かったわけです。

「いらっしゃい！　さあ、どうぞ」

タンクトップにショートパンツ。出迎えてくれた真子さんは、ドラッグストアで会ったとき以上にラフな服装でした。リビングに案内されたのですが、真子さんが歩くたび、ショートパンツをはいたお尻がぷりぷりと動くのと、そこから伸びたむちむちの太ももに目がクギ付けになります。

「ビーフストロガノフつくったの。昨日から煮込んでたんです」

テーブルのうえには、ビーフストロガノフが入った鍋と、赤ワインが準備されていました。

「せっかくだから、奥様の分はあとで持って帰ってくださいね」

「いや、あの……今日のこと、妻には話してないんです」

そのとき、真子さんは不思議な表情をしました。わかってるじゃない……そんなふうにも見えました。そして食事がはじまったのですが、私は真子さんの薄着が気になってしまい、ゆっくりと味わうどころではありません。真子さんが着ているタンクトップは、胸元がかなり開いていて、乳首が見えそうになっています。同時に、ノーブラかどうかも気になります。

それに加えて、テーブルの上のものを取ろうとした真子さんが、こちらに近づいてくるたびに、ビーフストロガノフの香りに混じり、香水だと思うのですが、なんともエロチックな香りが漂ってきます。私は頭のなかがクラクラする感覚になり、思わず立ち上がってしまいました。

「あ、すいません。ちょっとトイレをお借りします」

食事中なのでマナーに反するとは思いましたが、いったん気持ちを落ち着けないと真子さんに手を出してしまいそうな気がしたからです。

用を足したかったわけではないので、トイレで五分ほど座ったあと、再びリビングに戻ります。私の目の前に、真子さんの後ろ姿がありました。こんなことをしてはいけない……そう思いつつも、これまでに何度も見た胸の谷間や、横乳が頭のなかによぎり、私はたまらず真子さんを背後から抱きしめていました。

「真子さん！　あんたが悪いんだ。さんざん人を誘惑するような服装を見せつけてくるからいけないんだ！」

私はすぐにバストに手をのばします。真子さんはノーブラでした。何度となくスケベな妄想を抱かされた、おっぱいに手をふれていると思うと余計に興奮します。そして力強く揉みまくりました。

「こんなところじゃイヤです。寝室に行きましょ」

拒否されるのではないかと思ったのですが、真子さんはおとなしく寝室に案内してくれました。つまり不貞を受け入れたのです。私の下半身はもうすでに爆発寸前でした。

「寝室はまずいんじゃないですか？　もし旦那さんにバレたら……」

「平気です。今週は主人は帰って来ません。帰ってくるのは一週間後ですから。それまでにはきちんと直しておきますから……」

真子さんはそういうと、タンクトップとショートパンツを脱いでベッドに転がりました。

「このおっぱいをずっと揉みたくて仕方なかったんだ！」

私は、ここぞとばかりに大きく実ったバストを揉みまくります。

「わかってました。だって竹沢さんが私の谷間を見る目は尋常じゃなかったもの」

真子さんはやはり私を誘っていたのです。私は自分の行為が真子さんに受け入れられたことで、おっぱいをさらに激しく揉みまくりました。真子さんのバストは、柔らかいのに弾力性に富んでいる極上のシロモノでした。乳肉のボリュームに対して、やや小さい感じがする乳輪も私好みです。そして乳輪の中心に鎮座する乳首も、これまた私の性欲を刺激するコリコリとした感触でした。

「私、乳首がすごく感じるんです」

「すぐにわかりました。だって、もうこんなにボッキしてる！」

最初は小さかった乳首が、私の愛撫ですぐに大きくなっていました。それにともなって、乳輪の面積も若干大きくなったような気がします。私は、左の乳首を口に咥えて、右の乳肉を揉みまくります。手の平からこぼれてしまうほどのボリューム。妻の貧乳では、とうてい味わうことができない興奮を感じていました。同時に、妻とのセックスにまったく満足していなかったことを今さらながら思い知らされます。

おっぱいを隅々まで堪能したい私は、横乳や下乳にも指を這わせました。全体的にハリのあるバストでしたが、横乳はやや柔らかく、逆に下乳はパンパンに詰まっている感触がします。

「真子さん？　おっぱいぜんぶ感じるんですか？」

真子さんのアエギ声がどんどん大きくなっていました。

「男の人が私のおっぱいに夢中になっている姿を見ると、興奮するんです」

ひととおりバストを堪能した私は、横乳から身体の側面に愛撫の矛先を向けました。なだらかなカーブを描いて、横乳は腋の下へと続いています。

「ご主人は、おっぱいを愛撫してくれないんですか？」

「最近は、ご無沙汰なんです。それに……おっぱいが大きな女はバカだ、みたいなことも言ってましたし……。それよりも、いま主人の話はしないで……」

「なら、ご主人はこんなところ愛撫してくれたことないでしょう」

私はそういうと、真子さんの腋の下に舌を這わせました。

「ああ！　そんなとこ……今日は汗かいてるから、すごく恥ずかしい」

さっきまで料理に夢中になっていたのでしょう、確かに汗の臭いがします。それに混じり、フェロモンというのでしょうか、女性特有の甘酸っぱいような臭いも漂ってきました。私は、真子さんの両手をバンザイさせて腋の下の臭いを嗅ぎました。両手を上にあげた状態でも、真子さんのバストはこんもりと盛り上がっています。巨乳ならではの光景。それは私が夢にまで見たものでした。

腋の下をスタート地点として、乳肉を通過して最後は乳首に到達する。そんなルートで舌を這わせます。真子さんは、さっきから激しく感じていて、悩ましい声をあげていました。

「パイズリして欲しい」

私はそう言うと、イチモツを取り出して乳の谷間にはさみました。私のイチモツはもうビンビンにボッキした状態です。そして私は、左右のおっぱいを動かしてイチモツをしごきます。真子さんもその様子をみて、ますます興奮しているようでした。

「私のおっぱいどんな感じ？」

「もう最高です。いままで何度も、このおっぱいにチ○ポをはさみたいと思い続けてましたから、今日はそれが叶ってほんとうに幸せです」

このとき、真子さんはまだバンザイの態勢でした。私が腋の下を見ながらパイスリを満喫したからです。

「そんなに気持ちいいなら、私がやってあげたい」

真子さんはバンザイの態勢をやめて、左右のおっぱいをつかむとイチモツを強くはさみシコシコと動かし始めました。左右のバストを同じ方向に動かしたり、別の方向に動かしたり、また緩急をつけて動かしたりしています。そして、嬉しいことに、乳肉からハミ出したイツモツの先端を、ときどき口で触れてくれました。

「あ、それ気持いい！　AVみたいだ」

私が気持ちよがると、真子さんは口で触れるだけでなく、亀頭を咥えもしてくれました。乳肉にはさまれた亀頭が、そのあとで真子さんの口のなかに入る。凄まじく卑猥な光景でした。

「このまま出していい？」

素晴らしい体験をしていた私は、正直もう限界でした。

「パイズリのあと、口のなかに入れるから、ぜんぶ飲んで欲しい」

「いいわ。ぜんぶ飲みたい」

「オマ〇コに欲しいんじゃないの？」

「オマ〇コは二回目でいいわよ。いちど出した後のほうが持続力あるっていうし……」

真子さんのスケベな回答に私はさらに興奮させられて、精子の塊がイチモツに上がってくる感覚をおぼえました。まるで本物のオマ〇コのように心地がいいパイズリを満喫しながら、最後は真子さんの口のなかに大量射精です。

精子をすべて出しきるかのような射精で、二、三度波があり、その都度、精子が真子さんの口内に注ぎ込まれます。このとき、真子さんは根元まで咥え込んでくれて、すべての精子を搾るように、唇でイチモツを押さえ付けると同時に、吸い出す動きもしてくれました。

最近は、妻とのセックスもなく、自分でやることもなかったため、ひと月分の精子を出しきりました。余程量が多かったのか、真子さんは少しむせながらも、すべて飲み干してくれました。喉が何度か脈打つたびに、私の満足度はさらに跳ね上がります。

「精子飲んだの初めてかも。それにしても、すごい量だったわ」

真子さんは、そういいつつも満足した顔をしていました。

「ねえ、ちょっと休憩したら二回戦しようか？」

そういった真子さんのスケベそうな顔を見て、私はイチモツがまたむずむずするのを感じます。私は妻を裏切りましたが、後悔していませんでした。セックスまで至ってなかったこともあったのかもしれません。

私たちはベッドでしばらく横になっていましたが、このときとくに話はしませんでした。ただ、真子さんが私のイチモツを指でいじくり、まだかな……みたいな表情を見せていたのが印象的でした。

「ピンポーン！」

そのときです。突然インタホンが鳴りました。私たちがどれほど慌てたか。

「え！　もしかしてご主人が帰ってきたのかな？」

私は声を落として聞きましたが、真子さんからの返事はありません。そして真子さんがガウンを羽織り、玄関に向かいます。

「竹沢さん、すぐに服着てリビングに戻って！」

そして約五分後、真子さんはリビングに入ってきました。

「近所の子供だったわ。庭にサッカーボールが入ったから、取らしてくれって。ほんとびっくりしちゃう。心臓が止まるかと思ったわ」

一方の私は、きちんとテーブルについて、ビーフストロガノフの残りを食べていました。

「まあ、竹沢さん。こんなときなのに食べてる。精子が濃いはずだわ。奥さんが羨ましい」

そういうとふたりで大笑いしました。ちなみにこの日は、二回戦のタイミングを逸したということで、食事とパイズリだけで帰りました。次の機会には絶対にイチモツの挿入まで遂げたいと思っていますが、それがいつになるやら。でも私も真子さんもとくに焦りはありません。ご近所さんなのでいつでも会える状況にあるからです。

●旅先の温泉宿で知り合った既婚男性から受けた強制性交という名の絶頂体験

露天風呂で恥辱失禁の後は無許可中出しフィニッシュ

【告白者】池田風花（仮名）／24歳（投稿当時）／OL

私のストレス解消法は、会社が休みのときに温泉に行くことです。女友達と行く温泉も楽しいのですが、いまはもっぱらひとり旅。最近はとくに、飲食店とかテーマパークを、おひとり様で楽しんでもおかしくない風潮がありますので、女のひとり旅でも気兼ねはありません。

そんなわけで、これは私が某県の露天温泉に行ったときのお話です。ちなみに私は、都内の保険会社で働くＯＬです。外交ですからノルマが厳しく、お客様からのクレームの対応もあり、とにかく激務。加えて、精神的なストレスも大きく、なにかストレス解消はないものかと思ってたどり着いたのが温泉旅行でした。

温泉旅行は、旅行とかドライブとか、アウトドアなことが好きな私の性格に合っていました。土曜日の早朝から出かけて、一泊二日で日曜日の夜には帰宅するのが定番になっていて、今回は、某県の県庁所在地まで新幹線で行き、そこからはレンタカーで目的地に向かいました。

県庁所在地から約二時間、山道をドライブして目的地に到着します。ダムの近くにある露天風呂で、とにかく絶景です。私は予約していた温泉宿に荷物を置き、すぐに露天温泉に向かいました。雑誌やネット情報をみて、絶対行きたいと思っていたのですが、やはり実際にみると感動はひとしおです。土曜日の昼間ということもあり、そこそこの人数が露天風呂を楽しんでいました。

混浴なのですが、女性たちのグループもチラホラいます。女性たちはだいたいが温泉着を着用しています。温泉着のレンタルもあり、またタオルを巻いての入浴も許可されているので、女性は混浴でも安心して入ることができます。

私もレンタルした温泉着に着替えて、さっそく温泉に入りました。ダムを仰ぎ見ながらの入浴はほんとうに感動的でした。この温泉郷は、岩で囲まれたいくつもの湯船があります。私は明日の夜にはもう自宅に帰る予定なので、とにかく満喫したいという思いから、ひとつひとつ順番に入って行きました。

そして、ダムにもっとも近い湯船に入っていたとき、20代後半くらいの年齢のカップルがやってきました。女性はなぜか不機嫌な顔をしていて、男性のほうは恐縮している感じです。

「……だから、なんでお義母さんと同じ部屋なの？　私と健二がいっしょでよくない？　お義母さんに部屋変わってもらおうよ」

「まあ、今日だけガマンしてくれよ。俺もひさしぶりに母さんに会ったんだしさあ」

「ああ、もう！　部屋が空いてるかどうかフロントで確かめてくる！」

そう言うと女性のほうは湯船から上がり、足早に去っていきました。男性は、追いかける気力もなさそうに呆然としています。

「いや、うちの母といっしょの三人部屋が、妻は気に入らないみたいでして。参ったな……」

男性は目が合った私に、言い訳するみたいな感じで話しかけてきました。なんでも男性はこの某県の出身で妻と旅行に来て、実家にいる母親も同行したようです。男性はとくに気にすることもなく三人部屋を予約したのですが、女性がそれを快く思っていないようでした。

「奥さん、追いかけなくて大丈夫ですか？」

「いや、いいんですよ。いつもこんな感じですから。温泉にでも入ると気分が変わるかなと思ったんですがダメでした……。お姉さんはおひとりですか？」

　裸の付き合いとでもいうのでしょうか、そんな感じで、私とその男性はプライベートなことも少し話しました。

「保険の外交員ですか……そりゃ大変だ」

　男性は飄々としていて、自分のトラブルはさておき、私のことに興味を持っているようでした。そして話していくなかで、私は彼ら夫婦と同じ温泉宿に泊まっていることがわかりました。

「妻との修復に行くかな」

　そう言うと男性は、風呂から上がりましたが、私はほかの湯船を楽しもうと思い、まだ留まっていました。

　それから約一時間後、私は宿に戻りました。フロントに荷物を預けただけの状態でしたので、チェックインの手続きをしていると、フロント付近のソファーに、さきほどの男性が座っていまして、なにやら深刻な顔をしています。

「余計なことかもしれませんが、奥様どうなりました？」

「いやあ、それが……ひとりで部屋を移りましてね。私の母と私と妻、それぞれひとつずつ、三部屋で泊まることになりました。なんのための家族旅行なんだか」

そういうと、男性はソファーにのけ反り、空を見つめ大きく溜息をつきます。

「私が母親と同じ部屋に泊まることになると、妻の機嫌はさらに悪くなるから、母親にも部屋を取ったんですよ。なんとかなりませんかねえ……」

男性は心底困っている様子でしたが、私に適当な助言ができるとは思えません。私はなんとなく後ろ髪を引かれる思いで、自分の部屋にもどりました。明日の夜には、自宅に帰るんだ、他人のトラブルに首を突っ込んでいては旅を楽しめないと自分に言い聞かせて、今度は温泉宿の中にある大風呂に入り、その後は夕食をとることにしました。

旅館の夕食はバイキング形式で、宿泊客がそれぞれのテーブルにわかれて座り、食事をします。私が食堂に入ったとき、もうすでに例の男性が着席していましたが、ひとりです。

「妻も母も、食事はいらないっていうんですよ」

私が男性のテーブルの横を通ったとき、声をかけられました。しかし、私は適当にあしらって自分の席に着き、食事をしました。

「もういちど奥様を誘って露天のほうに行ったらどうですか？　二十四時間入れるみたいですよ」

　これ以上、首を突っ込まないと決めたのに、また余計なことをいってしまったと後悔しましたが、それほど男性が沈痛な顔をしてたためです。楽しいはずの旅先で、こんな表情の人を見かけたら、自殺しに来たと思われかねないとも考えてしまいました。男性は、「ありがとう、そうします」といって少し笑いましたが、すぐに下を向いてしまいます。テーブルに乗せられているバイキング料理もほとんど手を付けていませんでした。

　やがて、食事を済ませた私は、部屋に戻り、しばらくしてからふたたび露天風呂に向かいます。時刻は夜の八時。外は暗くて、ライトアップされた露天風呂が幻想的な景色で迎えてくれました。やっぱり来てよかったとあらためて思った瞬間です。

　そして私は、なるべく人が入っていない湯船を見つけて漬かります。例の男性の家族のトラブルはさておき、とてもいいリフレッシュになったとしみじみ思っていたとき、例の男性が、私が入っていた湯船の近くに現れました。

　私のことを見つけると、同じ湯船に入ってきます。

「妻は部屋からぜんぜん出てきません。話もできません」

　妻との関係を修復するのが先決だと思うのですが、この男性はまた露天風呂に入っています。来たからにはかたちだけでも楽しんでおこうということでしょうか。私は、そういう性格は嫌いではないのですが、奥さんの立場になってみたら、余計に腹が立つのかも知れないと思いました。

　それはそうと男性は、私にかなり接近したところに移動してきました。手が届く範囲にいます。このとき私は、温泉着を着けておらず全裸でした。混浴とはいえ周りは暗いし、なによりお風呂には裸で入りたいと思ったからです。しかし、すぐ近くに照明がありましたから、裸の姿が見えないわけではありません。

　ついつい視線を向けた男性の股間に、黒々としたものとペニスが少し見えました。さらに男性が近づいてきたので、私は本能的に胸と股間を手で隠し、身体を強張らせます。ちなみに、このとき、同じ湯船にはもうひとりの男性が入っていました。初老の年齢に見えます。しかし、私たちの距離が近いため同行者と思われたのでしょう、初老の男性は、私たちからいちばん離れたところで静かに漬かっていました。

「あの！　なんですか！」

そのとき、例の男性の腕が私の腕にあたりました。すぐ隣に来たのです。

「いや、話を聞いて欲しいと思いまして……」

「話って……。だいたいわかりましたから。……それに私にはどうすることもできません」

「そんなこと言わずに、ねえ！」

そういうと男性は、私を背後から抱きしめて胸をまさぐってきたのです。

「やめてください！　声を出しますよ！」

突然のことに驚いた私は、小さい声で男性に訴えることしかできませんでした。

「向こうにいるじいさんは、私たちがカップルだと思っていますよ」

男性がそう言った直後、その初老の男性は湯船から上がり、別の湯船へと移動していきました。せっかく温泉を楽しんでいたのに、こんなところで始められたらかなわん、みたいな雰囲気で去っていきます。

「ふたりきりになりましたね。旅の思い出になりますよ。あなただって、ひとりでこんなところまで来て、本当は寂しいんでしょう？」

男性は私が本気で抵抗しないのをいいことに、胸を激しく揉み始めました。

「やめてぇ！　人を呼びますよ！」

とはいったものの、強引にこんな展開になったのは初めての経験でしたから、大きな声が出せません。そのことを、同意と解釈したのでしょう、男性は湯船のなかで私の身体を少し持ち上げると、あぐらをかいてその上に乗せました。バストへの愛撫はずっと続いています。

私のお尻に、男性のペニスがときどき当たります。もうフルボッキしているみたいな硬さです。

「やめて下さい……お願いです。こんなことして、奥さんに言いつけますよ」

「イヤイヤっていいながらぜんぜん抵抗しないじゃないですか。その気なんでしょ。妻に知られたら、あなたも不利になりますよ。昼間の剣幕見たでしょう。もちろん私もまずいことになりますけど、もうガマンできないんですよ」

そして次の瞬間、男性の指が、私の股間をまさぐりはじめました。

「おや？　マ〇コの毛、薄いですねえ。僕好みだ。妻は剛毛だから困ったもんですよ」

男性の指は私の陰毛をまさぐり、その後で、亀裂の表面をさすってきました。

「ああ、そこは……。私、まだそんなに経験ないんです。奥まで指を入れるのは許してください……」

「まだ、マ○コの表面を擦ってるだけですよ。期待しなくても、奥まで入れてあげますから安心してください」

「そこは！　おかしくなっちゃう！」

直後、クリを擦られた私はとうとう快感を口にしてしまいました。湯船のなかでエッチなことをするのはもちろん初めての経験でしたし、ライトアップされて幻想的な露天風呂のロマンチックな景色も、快感を後押ししたのかもしれません。

そしてとうとう、男性の指が膣内に侵入してきます。

「くうぅ！　動かさないで！　声が、大きな声が出ちゃいそう」

「感じてるんでしょ？　わかりますよ。それにしても、マ○コがもうヌルヌルじゃないですか。温泉のなかに卑猥な汁を垂らして、悪い人だ」

最初は一本だった指が二本になり、さらに出し入れのスピードがアップします。私は、マ○コのなかに温泉の温かい感触を感じながら、腰を激しく動かしていました。腰を動かしたのは指の動きを少しでも和らげようとしたためのことでしたが、そんなことなどお構いなしに、二本の指は根元まで入り込んだあと、出し入れがとまり、今度は膣内部で動き始めます。

出し入れする動きではなくて、膣壁を擦るような動きです。

「もう、やめて！　マ○コがヘンになる！」

指は、お腹に近いほうの膣壁を擦り上げたかと思うと、次の瞬間には背中に近いほうの膣壁を擦ります。そして次は指二本が不規則に回転。かき回され続けた膣内から、卑猥な汁が次から次へとあふれている感覚がありました。

「あああ！　もうイキそう！」

そう叫ぶと、私は男性の腕にしがみ付き、両脚をバタバタさせます。イク直前、指がさらに奥深くに入り込み、私はたまらず、身体をのけ反らせて、今度は両脚を閉じた状態でピンと伸ばした姿勢になりました。

そして身体が痙攣。男性の指を膣内で咥え込んだまま絶頂してしまいました。

「ううう……もう充分でしょ。離してください」

数分後、痙攣がおさまった私は、男性の膝のうえからゆっくりと身体を離そうとしました。しかし、今度は膣内に指二本よりも太いものが入り込んできたのです。猛り勃ったペニスでした。膣内が余程ヌルヌルだったのでしょう。ペニスはたったひと突きで奥深くまで到達してしまいました。さらに、男性は、閉じていた私の両脚を左右に広げて抱えあげるような態勢になります。

十メートルほど前には、ほかの湯船に漬かる人たちの姿がおぼろげに見えます。私は、こんな場所で人知れずペニスを挿入されていることに、あらためて恥ずかしさと屈辱を感じました。

「誰かに見られてしまいます。許してください。もう充分でしょう！」

はっきりと抗議したつもりでしたが、後のほうは消え入るような声になりました。というのも、男性がピストン運動を始めたからです。指二本の出し入れで、膣内が奥深くまで広げられてしまっていたため、ピストンは驚くほどスムースです。

私はふたたび、はっきりとした快楽を感じて、今度はさっきよりも大きなアエギ声をあげてしまいました。と同時に、ペニスが引き出されるときに、下半身が痺れて何かが漏れ出してしまいそうな感覚にもなりました。

「ああ、もう限界です！　それ以上動かないでぇ！」

「限界って、どういうことですか？　またイキそうなんですか？　こんなのまだ序の口ですよ」

男性は、ピストン中断の要求を無視してさらにスピードをアップしていきます。それから何度ペニスが往復したでしょうか。膣内の感覚が鋭敏になっていた私は、両脚を広げていられなくなり閉じようとします。

しかし、太もものあたりを手でしっかりと押さえ付けられていますから、閉じることはできません。そしてさらなるピストンのスピードアップ。出し入れする動きだけでなく、回転運動も加わり、膣内がさらに広がる感覚がありました。そしてまたピストン。

「あああ！　もうダメ！　出そう！」

そう叫ぶと、私は膣内にペニスを挿入されたまま湯船のなかで失禁をしてしまったのです。

「ん？　すごく締まってる。なんだ？　イクと同時にお漏らしか？　こりゃすごい」

私の失禁が続く間、膣内のペニスは動きをとめていましたが、ほどなくしてふたたび動き始めます。私は下半身の感覚がマヒしていました。しかし、膣内だけは敏感になっている。そんな奇妙な状態です。

「こんなのヒドいよ。恥ずかし過ぎて死にそう」

「今度は僕がイカせてもらいますよ」

そして男性のペニスはもっと激しく動きます。

「なかに出すのはやめてください……」

私の最後の抵抗でした。

「温泉で洗えば大丈夫ですよ。この温泉の効能にも書いてあったんじゃないかな」

そう言うと、ペニスは私の膣内に留まった状態でビクビクと脈動しました。射精です。私は、必死でペニスを抜こうとして身体をバタつかせましたが、やはり両脚をしっかりと押さえ付けられていてまったく動くことができませんでした。悪いことに、失禁後は下半身が痺れてしまいマヒした状態のままです。

「おお！　子宮の奥に注ぎ込んでますよ。それにしても最高だ、お姉さんのマ〇コは。絶景を眺めながらの中出しとか、最高じゃないですか」

ペニスが何度かビクつきながら精液を注ぎ込んだことがわかりました。最後の一滴まで注ぎ込もうとしているのか、男性はなかなか私を離してくれません。やっとペニスが抜かれたのは、ビクビクが始まってから数分経ったあとだったような気がします。

「いい旅の思い出になりましたね。災い転じて福となすといいますか、妻とケンカして良かった。こんな素敵なお姉さんと知り合いになれたんですから」

男性は、まったく悪びれる様子もなく、塞ぎこんでいる私に笑顔を見せました。私はこのとき、何も考えられない状態でした。そのとき、湯けむりのなかから男子大学生らしき数人のグループが姿を見せました。

「あ、ここだとダムがいちばんよく見えるぞ！」

そう言いながら、私たちが入っている湯船に入り込んできます。

男性は慌てて湯船からあがろうとしましたが、そのときまだボッキしていたペニスが露わになり、大学生らしきグループの全員の視線が向きます。彼らは、なにやら見てはいけないものを見てしまったという表情をしています。

そして当然ながら、その視線は私にも向けられて、軽蔑するような表情のようにも見えました。気がつくと、例の男性はもういませんでした。私もそこにいるのが辛くなり湯船からあがります。背後から、彼らの好奇心満点の視線を感じながら、宿に帰りました。

次の朝、私は朝食バイキングを食べるため食堂に行きましたが、例の男性はいませんでした。朝早くチェックアウトしたのか、それともまだ部屋で寝ているのかわかりませんが、そんなことはもうどうでもいい気持ちでした。朝食をとったらすぐに帰ろうと思っていたからです。

「おい！　ひとりだ……連れじゃなかったのかなあ？」

「お前、話しかけてみろよ」

「いや、お前が行けよ」

昨日の男子大学生らしきグループが私の横を通りすぎていきます。同じ宿だったのです。私がとんでもなくスケベな女だから、声をかけてナンパしようとしているようでした。

ここまで来たら、もうどうでもいいかも。それにけっこうイケメンたちだし。私はそんなことを思いながら、彼らに視線を向けました。もしかしたら、もう一泊くらいはしてもいいかなと思い始めていました。

第二章

二兎を追う者たちが辿り着く性の流刑地

●興味本位で始めたアダルトチャットのせいでセックス生中継の餌食にされた私。

オナニーライブ配信を同じ団地住人男性に覗き見され

【告白者】島田香織（仮名）／33歳（投稿当時）／主婦

団地で生活をしている33歳の人妻です。

兼業主婦として、家事をしながらたまにバイトでスーパーのレジ打ちもこなす忙しい日々。仕事は不規則で、夫とはすれ違いの毎日を送っています。

そんな私のストレス発散法はネットのライブチャットでオナニー配信をすること。私はアルバイトでいわゆる「アダルトチャットレディ」に登録しています。

ウェブカメラの前で裸になったり、オナニーをしたりする姿をライブ配信するのですが、自宅にいながらできるし、いいお小遣い稼ぎにもなるから一挙両得です。

私には露出狂の性癖があるみたいで、誰かに覗かれていると思うだけで興奮してストレスも吹っ飛んでしまいます。

カメラの前でよく見えるように一枚一枚ゆっくりと服を脱いで、まるでAV女優になったような気分でオッパイを揉みしだいたり、アソコを大きく広げて指入れしたり……。

そんな時って夫とのセックスではあり得ないぐらいに濡れてしまいます。私ってこんなにスケベだったかしらと恥ずかしくなってしまうぐらい。

もちろん、夫はこのことは知りません。夫も知らないエッチな本性を他人に公開する……その背徳感がたまらないのです。

配信をするのは、だいたい夫が会社に出掛けている平日の昼間。家事を終えるとパソコンの前でオンラインのまま待機をして、参加者が入室してくるのを待ちます。

最近は2ショットチャットよりもパーティチャットが主流なので、オナニーを大勢に視られるスリルがたまりません。私はオナニー配信にどんどんのめり込んでいきました。

配信中は、画面の向こうの参加者から色々な要求をされます。

『電マでオナってみて』

『脚をもっと大きく開いて』

『ちょっとパンティをめくってみて』

文字チャットに書き込まれるいやらしいリクエストに、私はますます欲情して夢中でオナってしまいます。私が登録しているのは大手サイトで性器を見せるのはNGなのですが、リアルタイム生中継なのでいつハプニングが起きるかと心配していました。

先日は、新しく購入したバイブを使ってオナニー配信をしました。

バイブをパンティに潜り込ませて、秘部に挿入するとたまらないほどの圧迫感にたまらずいやらしい声が出てしまいました。

「うふっ、すご……いい……」

『いいね』

『喘ぎ声エロすぎるって』

参加者からの書き込みがどんどん殺到します。

私はいつものように出し入れを加速し、パンティの中で秘部をこねくり回しました。

ピストンするたびにクリトリスが柔らかい突起に持ち上げられ、包皮をめくりあげられて振動がダイレクトに伝わってきます。

リモコンに手を伸ばして、スライドスイッチを「強」にしてみました。

「きっあっ！　あああああっ——！」

隣近所に漏れるほどの大声で叫んでしまい、バイブを淫部に挿れたままタンスまで這って引き出しから手拭いとハンカチを取り出しました。

ハンカチを丸めて口の中に押し込み、手拭いをひねると自分で猿ぐつわをしました。これでもうどんなに声を上げても外までは漏れません。

『拘束オナニーきた！』

『もっとSMっぽいの見せて』

自らを追い込むように、バイブのリモコンを太腿にガムテープで貼り付けました。太腿を床に擦りつけてスイッチをMAXにすると、モーター音がブブーとうなりを上げて肉ビラを激しく震わせます。ジーンと痺れる感覚が子宮から全身に尽き抜けました。

「ふゔぅぅう――――――！」

腹筋が浮き出るほど下半身に力が入り、思わず仰け反りました。膣がバイブをぐいぐいと飲み込もうと収縮し、クリが押しつぶされそうに圧迫されます。

真っ昼間からこんな姿を他人に覗かれるなんて、いけない私……そう思うと恥ずかしさのあまりオマ○コが熱くなり、お尻がびくんびくんと痙攣しました。

「あふうぅ、う、はぁ」

括約筋がちぎれそうなほど膣口と肛門が勝手に締め付けられて、私はエビのように激しく身を捩りながら本気でオーガズムに達してしまいました。

パンティはグッショリ濡れていました。いつの間にか潮を噴いていたらしく、まるで失禁でもしたように水滴は床まで垂れて汁溜まりを作っていました。

『最高だったよ！』

『神オナニー！ヤバかった』

『いやー、いいもの見せてもらった』

――気が付くと、チャット欄がコメントで埋め尽くされていました。

それから数日経ったある日のことです。

休日に近所のスーパーへ買い物に出た私は、いきなり男性から声をかけられました。同じマンションに住む40代半ばの中年男性で、名前は確か、盛田さん。これまで会話したことはないのですが、住民集会で何度かお見かけしたことはありました。

「奥さん、B棟203号室の島田さんですよね。この前の配信、すごかったですよ」

一瞬、耳を疑いました。無視しようとしましたが、盛田さんはニヤニヤしながら私の体に粘りつくような視線を送っています。

まさか、オナニーライブチャットを同じマンションの住人に見られていたなんて。灯台下暗しとはまさにこのことです。

「何のことだか……どなたかと勘違いをなさっているのでは……」

「ごまかそうとしたって駄目ですよ。配信を見て、すぐに島田さんだって気付きました。こんなエロい奥さんがご近所に住んでいるとはラッキーですな」

盛田さんは鼻息を荒くして、興奮した様子でまくしたてました。聞けば、彼はパソコンのプログラマーをしているらしいのですが、最近はリモートワークで自宅にずっといることが多いのだとか。それで、仕事中にサボって毎日のようにアダルトチャットを覗いていたところ、偶然見覚えのある私の姿を見つけたのだそうです。

「お願いですから、誰にも言わないでくださいね。このことが夫に知れたら……」

「ご心配なく。私は口とチ○ポだけは硬いですから。はっはっは」

盛田さんはくだらないオヤジギャグを飛ばしてきました。

「その代わりと言っちゃなんですが、ひとつお願いがあるんですけどね」

「何ですか、お願いって……」嫌な予感がしました。

「あなたがオナっているところ、生で見せてもらえませんか。いえね、画面を通して観るのも興奮しますが、せっかくこうしてお近づきになったんですから。それに、やることはいつもと変わらないんだし、別にどうってことないじゃありませんか」

なんてあつかましい男かと呆れましたが、ここで断ったらどんな仕打ちをされるかわかりません。マンション内で噂が広まって、夫の耳にも入ってしまうかも……。そんなことになったら家庭崩壊です。私は仕方なく、盛田さんの頼みを承諾しました。

「よかった。それでは早速、これからウチに来るというのはどうですか。旦那さんが会社から帰ってくるまでには、まだたっぷりと時間があるんでしょう」

私は勢いに乗せられるまま、盛田さんの部屋に上がり込んでしまいました。

「奥さんの下のお名前は？」

「香織ですけど……」

「香織さん、じゃ脱いでもらいましょうか。カメラの前にいると思って、ほら」

彼に促されて、一枚一枚服を脱ぎ、パンティ一枚になりました。カメラの前で脱ぐのと生の視線の前で脱ぐのはやはり違います。恥ずかしくて顔が真っ赤になりました。

「パンティも取って」

「え、パンティも？」

「当たり前じゃありませんか。生ライブなんですから」

よくわからない理屈なのですが、そのときの私は頭が混乱していたのでしょう。彼に言われるがままパンティを脱ぎ捨て、全裸になってしまいました。

ソファの上でM字開脚になり、指でオナニーを始めました。クチュッと秘唇が卑猥な音を立てました。自分でも信じられないぐらいに、そこは濡れていました。

「いいですねぇ。この前みたいな激しいヤツ、お願いしますよ」

見れば、盛田さんもズボンとパンツをおろして、にやにやしながら肉棒をしごいています。ペニスはすでに硬直し、上を向いてそそり立っていました。その大きさときたらもう……夫のよりも一回り雄々しい巨根で、私は思わず見惚れてしまったのです。

盛田さんは、私の熱視線に目ざとく気付いたようでした。

「オナニーだけでは物足りませんよね。チ○ポに色目を遣うとはエロい女ですね」

「いえ、そんなことは……」

言い終わらないうちに、そのまま彼に唇を奪われてしまいました。

「うっ、うっ……やめ……」

私は激しく抵抗しましたが、やはり男の人の腕力には敵いません。

舌を強引に押し込まれてしまい、上下の歯や歯茎をレロレロと乱暴に舐め回されました。

ディープキスを続けながら、彼は片手を私の背中に回して私の体を支え、もう片方の手で乳房を鷲掴みにして荒々しく揉みしだいてきます。

「やめてください！」

彼の腕を必死になって掴みましたが、彼はそのまま、ずぶ濡れになった私のオマ〇コに指を滑らせてワレメをなぞり込んできました。

秘裂を擦り上げられて、ピクリ、ピクリと断続的に襲いかかってくる甘美な刺激に次第に意識が焦点を失ったように虚ろになっていきました。

このままズルズルと関係してしまうのはまずいと思ったのですが、もう我慢できません。私のオマ〇コが彼自身を求めていたのです。

彼が乳首に吸い付き舌先を転がすように刺激すると、私は仰け反ってしまい、唇を半開きに「うっ」と目を閉じました。

乳首に舌を這わせて私の反応を見ながら、彼はさらに激しく指マンを繰り出しました。

彼の指は溢れる淫水でふやけた肉溝にヌルリと滑り込み、肉壁の谷間にプックリと膨らむクリトリスを探り当てました。

そのまましばらくの間、クリトリスをヌルヌルときり揉みされました

私が恍惚の表情を浮かべ、悩ましく腰を揺すり始めたのを見ると盛田さんは膨らんだクリトリスを二本の指に挟み、肉芽の表皮を剥いたり戻したりして弄びます。

「ああっ……」

クリトリスが剥き出される甘美な刺激に、私は大きく仰け反ってしまいました。

「クリトリスがいやらしいほど大きく膨らんでいますよ」

「あん、いやぁっ……」

「おとなしそうな顔してすごく淫乱ですね、奥さん、いや、香織さんは……」

「ああっ、よして、そんな恥ずかしい言い方……」

彼はクリトリスの皮を根元まで剥きあげ、露出した突起の頂点に愛液にたっぷり濡れた指をあてがうとユルユルと円を描くようになぞりました。

オマ○コがとろけるような刺激に、私は思わず腰を動かしていました。

執拗にクリを責められ続け、絶え間ない快感の連続に、頭の中はボーッとなってい

ました。

「どうです、オナニーよりも本物の方が気持ちいいでしょう」

「ああっ……はあん」

「欲しくなってきましたね。まだチ○ポお預けですよ」

私の反応を確認すると、彼は柔肉の窪みを掻き分けて指を挿れてきました。最初は中指、そして人差し指……第二関節まで挿入したところで、ツーフィンガーをクイッとフックのように曲げて出し入れしてきました。

「あっ、あっ、あっ、あああ……」

彼の指先は肉棒ピストンのように激しく動き回り、膣内を掻き回してきます。

「こんなこと……いけないわ……」

うわ言のように呟く私を無視して、彼は後ろから私の肩を抱きすくめました。

「ああんっ」

盛田さんは私のうなじに熱い口づけを浴びせてきます。その瞬間、秘唇にキュンキュンと痺れるような快美が走り、全身の力が一気に抜けてしまいました。

それを見た盛田さんは、背後から絡み付いたままおっぱいにむしゃぶりつきました。

自慢ではありませんが、私は胸が大きいとよく言われます（サイズはDカップです）。その乳房を後ろから鷲掴みにしてひねり上げ、乳首に舌を伸ばしてくるのです。

「香織さんのおっぱい、柔らかくておいしいよ」

彼は粘りつく唾液を擦り付けながら、乳首を舐め回してきます。そして、乳房を手のひらに包み込んで揉みしだくと、今度は指先で乳首を摘み、ねっとりと愛撫してきます。

さらに、もう片方の手を恥丘に滑らせ、熱く濡れそぼった恥裂を弄んできました。溢れる淫水に指を滑らせ、尖ったクリトリスを巧みな指さばきで責め立ててくるのです。

「うんっ、あはぁ……」

私は我慢できずに甘い声を漏らしてしまいました。

彼は私の肩越しに、自分の手を潜り込ませ、私の耳元で淫らな言葉を囁いてきました。

「香織さん、もう我慢ができないんじゃありませんか」

「ああん、だめ……」

「もっといけないことをしてみませんか。オナニーだけではなくて、俺たちのセックスを生配信するなんてどうです？」

「嫌ぁ、なにをバカなことを言っているの、盛田さん」

「エッチな姿を他人に視られるのが好きなんでしょう？」

「あぁっ……」

織細な肉襞の構造をまさぐるように動いていた指がクリを剥き出しにすると、ぬめりつく淫芽を摘んでそのまま上に引っ張ってクイクイと持ち上げました。

「あ、嫌ぁ……クリトリスが千切れちゃうわ」

「香織さんが嫌と言っても、肉豆は、ほらこんなに大きくなっていますよ」

盛田さんの指の動きがまた加速しました。

「すごくいやらしいですね、いいなあ……香織さんのこういう姿がたまりませんよ」

「うっ……うっ、そんな……ああんっ」

肉珠を指先に挟まれたまま、愛液でドロドロの陰裂をスリスリと蹂躙されているうちに、自分でも無意識に体がピクピクと引き攣るのを止めようもありませんでした。

クリトリスは大きく膨らんで、パールピンクの真珠のような顔を覗かせています。

「香織さん、ほら、見てください。クリちゃんが顔を出していますよ」

「あっ、いやん、恥ずかしい……あん、くふっ」

息ができないほどの興奮に、私は肩を揺らしながら喘ぎました。

盛田さんは恥芽の下にある柔肉を掻き分け、さらに蜜穴深くに指を差し込んできました。

繊細な秘部をいじくり倒す荒々しい指さばきに、私はまるで金縛りにあったように身動きできませんでした。熱くたぎった柔肉が彼の指に絡み付くのがわかりました。

「香織さん、見て。指がズッポリ入っていますよ。いやらしいでしょう」

「ああ、いやらしい……です」

耳元で囁く彼の言葉に促されて、私は薄目を開けてしっかりと自分の股間を見ていました。まるで、盛田さんに淫らな洗脳をされてしまったようです。

よく見ると、肉唇の窪みから卑猥なほどに勃起したクリトリスが顔を覗かせていました。淫水にまみれながら、蜜穴に出し入れする指の動きも一部始終がわかりました。

「いやっ……」

かぶりを振る私を尻目に、盛田さんは肉芽を軽く弾くように左右に滑らながら、小刻みに揺さぶるように扱きたててきます。

「ああっ、ああん……こんなことといけないわ」

口先とは裏腹に、私は盛田さんのオチ○チンが欲しくてたまりませんでした。股間を撫で回している盛田さんの指が、クリトリスの突起をヌルッ、ヌルッとリズミカルに扱きあげています。執拗な指姦に、私の我慢は限界に近付いていました。

「ああっ、あっ」

思わず、彼の指の動きに合わせるように腰を浮かせました。

「欲しくなってきたか。手を貸してごらん」

盛田さんはそう言って、私のクリトリスをしごきながら、片手で私の右手を掴んで自分のペニスを握らせました、肉棒は先走り汁でぬらぬらと濡れ光っていました。

「チ○ポをしごいてくれないか」

彼のオチ○チンはすでに鉄槌のように硬く、熱くなっていました。そう言いながら、私は、ペニスを握った右手を上下に動かしました。

「おお、上手だ、そのまま……」

私のオナサポに連動するように、盛田さんの指の動きも速まっていきます。

「んっ、んっ、あっ、気持ちいい……盛田さん」

彼の指の動きに合わせて、私も自ら腰を遣い、悶え狂いました。

「香織さん、そろそろハメてあげようか」

彼はそう言うと、すでに腰が砕けそうになっている私にソファの縁に手を突かせ、背面座位のような格好にしました。そして、腰を高く持ち上げ、背中にキスを浴びせながらお尻の谷間から割れ目を弄ってきました。秘裂はもう洪水のようにぐちゃぐちゃです。

「き、来て……」

完落ちした私は喘ぐように囁きました。それを聞くと、彼は汁浸しのオマ〇コにペニスを突き立てました。ヌルリヌルリと滑らせ、焦らすようにしながら秘唇を割り、その感触を確かめるように、ゆっくりと肉刀を埋め込んできました。

「あっ、ああん……気持ちいいわ」

盛田さんの極太チ〇ポは、私の膣を抉り裂くように奥深くまで侵入します。私は声を押し殺して、与えられる快楽に身悶えするばかりでした。夫とのセックスでは味わったことのないようなあまりの気持ちよさに、思わず体が崩れそうになりました。

「こりゃ、たまらない締まり具合だ。チ〇ポに食い込んできますよ」

膣襞が身勝手に蠢いてしまうのを、自分でも制御できませんでした。ピストンで貫かれるたびに、オマ〇コがキュキュキュと収縮するのがわかりました。

「嫌ぁ、こんなの恥ずかしい」

「香織さんはすごい名器の持ち主ですね、旦那さんが羨ましい」

「ああ、夫のことなんか言わないで」

私は盛田さんにしがみつき、口封じにディープキスをしました。自分から舌を差し入れ、唾液を交換するようにお互いの舌に吸い付き、ベロベロと舐め回しました。

私が積極的になったことで、盛田さんの興奮も一気にヒートアップしたようでした。

彼は私にのしかかり、恥骨をぶつけるように激しく打ち付けてきます。

「ううっ、出る！香織さん、イクよ」

盛田さんは肉棒を引き抜くと、私の顔面にザーメンを浴びせました。精子はあまりの勢いに髪まで飛び散って、ベッタリとこびりつきました。

彼が果てた後、私はしばらく精液まみれのまま、放心状態でぐったりしていました。

薄目を開けると、テーブルの上で彼のノートパソコンの電源が光っていました。

そんな出来事があってから数カ月経ち、ようやくこの手記を書く気になりました。

あのとき、私たち二人がセックスしている様子を盛田さんが本当にライブ生配信していたのか……それは今となっては定かではありません。

でも、盛田さんのことだから、きっと部屋の中に隠しカメラを仕掛けて録画ぐらいはしていたでしょう。その最中は頭の中がパニックになっていたので思い当たりませんでしたが、あとでその可能性に気付いてちょっと怖くなりました。

（万が一、あのときの行為がネットに流出したらどうしよう……）

幸いなことに今のところはそんな噂は出回っていませんが、まだ不安はあります。

あれから、盛田さんと関係を持つことはありませんでした。

マンション内で二、三回すれ違って素知らぬ振りをしたことはありましたが、そのうちにまったく顔を見なくなりました。管理人さんにそれとなく訊ねると、転勤で引っ越したという意外な答えが返ってきました。

転勤の話が本当だったのかどうかはわかりませんが、おそらく近いうちにこのマンションを離れることは決まっていたのでしょう。私にあんな大胆な行為に及んだのも、恥の掻き捨てだったのではないか。今となっては、そんな風に思っています。

アダルトライブチャットは、と言うと……実は相変わらず続けています。もちろん、夫は私がこんなバイトをしているなんて今でも知りません。後ろめたい気持ちもありますが、趣味と実益を兼ねたこのアルバイトは当分やめられないでしょう。

でも、盛田さんとの一件があって以来、私の中で少し変わったことがあります。

それは、オナニーのライブ配信だけでは物足りなくなったということです。

盛田さんが言った『セックス生配信』というワードが今も耳にこびりついて離れません。

昼間、夕食の献立を考えている最中も、夫以外の男と不倫セックスをしている自分を想像しながら、ついつい自慰に耽ってしまいます。

もしも本当にセックスの生配信なんかしたら、身の破滅を招いてしまうかも知れません。でも心の中では、

(そうなってもかまわないから、もう一度他人チ〇ポを味わいたい。これまでとは違った刺激的なセックスに溺れてみたい……)

――そんな考えに支配された自分がいるのです。

ああ、どうか盛田さんとのセックスビデオが流出しませんように……。

内心ビクビクしながらも、背徳的な欲望を抑えられない私です。

●夫一筋に身を捧げてきた貞淑な人妻が嵌まり込んだ、中出し輪姦セックスの罠。

出会い系で捕獲した人妻をザーメン中毒に絶賛調教中

【告白者】黒田武史（仮名）／48歳（投稿当時）／会社員

私は48歳のバツイチ独身。中堅IT企業で営業職をしています。会社で課長を務め、周囲からは真面目で仕事一筋と思われているようですが、そんな私の唯一の趣味と言えるのが出会い系でのナンパです。

出会い系にハマったのは五年ほど前。妻と別れたのもナンパした女との浮気が原因ですが、離婚してからますますのめり込むようになりました。

もともとパソコンは好きだったので、インターネットの知識を活かして自ら出会い系アプリのアフィリエイトサイトを起ち上げ、趣味と実益を兼ねて出会った女との体験談をブログにアップする毎日。出会い系攻略法の情報も発信するようになり、おかげさまで読者からのアクセス数も上々です。

日替わりセックスを楽しんでいる私ですが、最近その中でも特にお気に入りの人妻がいます。今回はその彼女を初めて不倫調教したときの体験談をお話しします。

その人妻は里穂・36歳。旦那と二人の子どもに恵まれた絵に描いたような平凡な主婦です。女盛りの年頃なのにセックスレスで、欲求不満を抱えているのも典型的でした。

その日、私は出会ったばかりの里穂を自宅のマンションに連れ込みました。

「だめ、やっぱりできないわ」

「寝室まで上がり込んでおいて、今さら何を言っているんだよ」

彼女は初めての不倫らしく戸惑っていましたが、それは旦那に対する一種の「言い訳」であることは経験豊富な私には分かります。嫌よ嫌よも好きのうち――と言いますが、この手の女にとって抵抗は背徳感を増幅するためのスパイスに過ぎません。

「ああ、いや……」

「里穂さんが罪悪感を覚えることなんてありませんよ。こんな素敵な奥さんを放っておく旦那さんが悪いんですから」

旦那さんが悪い。それが人妻にとって免罪符になることを私は知っています。

案の定、里穂もそうでした。最初のうちこそ拒んでいましたが、軽く指マンしてやるだけであえなく屈したのです。夫と子どもを裏切る不貞を恥じながらも、欲望に抗いきれず股を開かずにはいられない――まさに不倫妻の鑑のような女です。

私は里穂の唇を奪うと同時に、ベッドに押し倒してやりました。

ブラウスのボタンを外し、ブラを露出させると一気に捲り上げ、乳房を丸出しにしました。もはや彼女は抗いません。頭の中では拒絶していても、体が求めているのです。

里穂の舌を啜りながら硬直乳首を摘んでやると、彼女はピクンと身を震わせました。

私は乳首に吸い付きながら揉みしだき、里穂の着衣を一枚一枚脱がせていきました。

もはやベッドに転がっているのは全裸の人妻――いや、肉欲に飢えた一匹の牝です。

私は里穂の両脚を抱え、豪快におっ拡げてやりました。

「オマ○コは嘘をつけないな。マン汁が決壊して大洪水になっているじゃないか」

「嫌、そんなこと言わないで」

ぬめり気を帯びた膣穴がヒクヒクと蠢くのがわかりました。

「嫌だと言うなら、ここでやめてもいいんだぞ」

里穂は少女がイヤイヤをするように、かぶりを振りました。

「正直に言えよ。欲しいのか？」

「……欲しい……です」

「何が欲しいのか言ってみろ」

「オ、オチ○……チン」

「聞こえないよ。もっと大きな声で言うんだよ！」

「オチ○チン……オチ○チンください！」

「オマ○コやりたいんだな」

「やりたい……です、ふしだらなオマ○コにオチ○チンぶち込んでください！」

「ちゃんと言えるじゃないか、恥じらっていたくせしてとんだエロ年増だな。誰にそんなはしたない言葉を仕込まれたんだよ。これだから人妻はたまらないな」

里穂のオマ○コは肉涎を垂れ流して一刻も早い肉棒挿入を欲しがっていますが、私も百戦錬磨の人妻ナンパ師。そんな簡単に挿れてやるのはプライドが許しません。

秘裂をまさぐる指を、穴の奥まで差し入れました。肉壷はクチュッといやらしい音を立て、ねっとりとした膣に吸い込まれるように、指が根元まで収まりました。

「あふぅ、んん……」

指を動かしながら気持ちいいかと詰問すると、里穂は唇を真一文字に噛み締めながら何度も肯首しました。女汁がとめどなく溢れ出して、床にまで滴り落ちそうです。

それを見た私は、もっと彼女を責めたくなりました。

「尻を突き出せ」

私は里穂の尻を平手打ちしてやりました。

「は、はいっ」

里穂はビクンッと弾かれたように牝尻を突き上げました。アナルをすぼませ、羞恥に耐えていました。人差し指でなぞってやると、尻穴は艶めかしく収斂を繰り返します。

肛襞を指で割り、じゅぼじゅぼと指姦しながらケツ穴に舌を這わせてやりました。

「あんっ、汚いわ、やめてください」

その反応からすると、肛門を舐められるのはおそらく初めてだったのでしょう。

里穂が尻を引っ込めた瞬間、指が肉裂から抜け落ちてしまいました。

「駄目じゃないか、そんなに暴れて。まったく、とんだじゃじゃ馬奥さんだな」

私は再び里穂の尻に往復ビンタを食らわせました。

「ああっ、ごめんなさい、ごめんなさい」

里穂はもはや、よく調教された牝馬に成り下がっていました。

私は両手で尻肉を鷲掴みにし、目一杯開いて菊門の窄まりに舌を捩じ込みました。

「はあんっ、そんなっ、シャワーも浴びていないのに」

私はわざと里穂に聞かせるようにべちょべちょと音を立てながら、割れ目と菊穴を一緒に舐め散らし、たっぷりと啜り上げてやりました。

「旦那にも尻の穴を舐められたことがないのか」

「は、はい……ありません、はあんっ」

「出会い系でチ○ポを漁る淫乱人妻のくせして、こっちの穴は案外ウブなんだな」

「そんな……恥ずかしいです」

里穂は羞恥に尻肉を打ち震わせていました。なかなか嬲り甲斐のある人妻です。

私は里穂のスマホを手に取ると、彼女に渡して言いました。

「旦那に電話しろ」

「え？」

「今から旦那に電話を掛けろと言っているんだ。同じことを何度も言わせるなよ」

里穂は四つん這いになったまま、渋々ながらダイヤルキーをタップしました。

『里穂か、何の用事？　今、仕事で忙しいんだけど』

スピーカーをオンにしたスマホから旦那の声が聞こえてきました。私は通話を続けるようにジェスチャーで促しました。

「う、ううん、別に用事はないけど、あなたの声が聞きたくなって」

『なんだ、おかしなやつだな。たぶん、今夜は早めに帰れるから』

私は再びアナルに指を突っ込み、腸襞を掻き回しました。

「あひゃうっ」

『どうしたんだ、里穂。具合でも悪いのかよ』

「べ、別に何でもないの……くぁはっ、はうう……」

(あなたのオチ○チンが恋しい、と旦那に伝えろ)──私は耳元で囁きました。

「ちょ、そんな……あ、いいえ、本当に何でもないから……ひぃっ！」

秘裂をペロリと舐めあげると、里穂は甲高い悲鳴をあげました。

『やっぱりお前、変だな。いつもと様子が違うぞ。誰か一緒にいるのか？』

「何でもないってば……ごめん、切るわね」

里穂はスマホを放り出すと、私を睨みつけました。

「なぜこんな真似をするの。きっと、夫に浮気を疑われたわ」

「別にいいだろ、嫉妬に狂った旦那とまたチ○ポのヨリを戻せるかもしれないぞ」

意地悪く嬲ってやれば、里穂の被虐モードは一気に加速したようでした。

「ああ、あなたのチ◯ポが欲しいんです。欲しいの、お願い……もっと私をめちゃくちゃにしてください」

「まあ、そんなに慌てるな。今に助っ人が来るからもう少し待っていろよ」

私はわざと突き放すような冷たい口調で言ってやりました。

「……助っ人？」

彼女が怪訝そうに呟いたとき、玄関のチャイムが鳴りました。

ピンポーン♪

「お、来たぞ。噂をすればなんとやらだ」

私はドアを開け、来訪者を迎え入れました。

「どうもご無沙汰しています。お招きいただいて嬉しい限りですよ。いやあ、これはこれは……早速始まっているようですねぇ」

下卑た笑みを浮かべながら上がり込んできた彼の名は、小林さんと言います。年齢は私よりも5歳年下で、丸々と肥えた体躯がいかにも絶倫ぶりを感じさせる男です。

「里穂さん、こちらは私のブログにいつもコメントを寄せてくれる小林さん。今ではユニットを組んで、出会い系で捕まえた女性をシェアする仲でね。それで今回もこうしてわざわざお呼びだてしたというわけだ」

「里穂さん、とおっしゃるんですね。お会いできて光栄だ」

里穂は突然の展開に明らかに戸惑っている様子でした。こういうときは、女に考える隙を与えないことがセオリーです。小林氏もそれはちゃんとわきまえています。

「では早速、駆け付け一尺ということでしゃぶってもらいましょうか」

小林氏はズボンを下して肉棒を引きずり出すと、顔色を失っている里穂の首根を捕まえて、口元にグリグリと押し付けました。

「う……うぐぐっ」

里穂は小さな口唇をめいっぱい開け、ペニスを丸呑みにしました。

しゅぷっ、じゅじゅっ、ずるっ、ずずずず……

「なかなかの咥え上手ですな。さすがは師匠が目を付けた人妻です」

里穂はフェラに没頭していました。さっきまでのお淑やかな態度とは裏腹に、味わい尽くすようにジュポジュポと淫猥な音を奏でながらチ○ポを舐り回してきます。唾液でベトベトになった男根に夢中でむしゃぶりつくのです。人間というのは……いや、女というのはつくづく環境に順応する生き物です。

「ああ、すごい……硬くて大きい」

里穂はうわ言のようにつぶやき、肉棒を舐めるだけでなく、唾液でベトベトになった男根をしゃぶっていたかと思うと、舌を伸ばして玉袋にまで吸い付きます。そのテクニックには、さすがは人妻ならではだと見る者を唸らせるものがありました。

小林氏も彼女のテクニックに感心したようです。

「この献身的な舌遣い、やはり人妻のフェラはひと味違いますね。アタックはやや強いが、舌触りは軽快で心地いい。唾液は第一アロマが強く、なめらかなコクが感じられますね。スムースで、それでいてエレガントなフェラチオです」

彼はまるでワインをテイスティングするようにコメントしました。

「師匠、〈試飲〉はもうお済みですか?」

小林氏は里穂の口にチ〇ポを突っ込んだまま、私に聞いてきました。

「いや、まだだ。さっきアナルは舐めさせてもらったけどね。色は深みがあり、やや濃いルビー色。成熟度が高く、とても不潔な味わいを楽しませてもらったよ」

「師匠もテイスティングをご一緒にいかがですか」

「うん。じゃあ私も味わってみるかな」

里穂を膝立ちにさせると、私たちは仁王立ちとなって、左右から肉棒を差し出しました。里穂はためらうことなく咥え込みました。クイクイと首を振って、両側のペニスを交互にしゃぶり、尖らせた舌先で鈴口までチロチロと愛撫してきます。

「ほほぉ、そんな技も習得していたのか。それなら、これはどうだ」

私は里穂の髪の毛を掴むと、肉棒を彼女の喉奥まで串刺しにしました。

「う、うぐ、ぐふっ」

里穂は呻き声をあげ、白目を剥いています。その苦悶の表情を尻目に、容赦ないピストン連打で突き抉ってやりました。

「ケツ穴もいいが、こっちの締まり具合も抜群だな。カリが締め付けられるようだ」

「ほほぅ、そいつは僕も味わってみたいですね」

痺れを切らした小林氏にバトンタッチし、代わるがわるイラマチオの洗礼を浴びせました。先走り汁が混濁してドロドロになった唾液が里穂の口元から垂れ落ちて、乳房から太腿にまで伝います。里穂が青色吐息になるまで口内レイプは続きました。

「里穂の口マ〇コ、なかなかの名器だな。真正オマ〇コの味はどうかな」

「師匠、そろそろそっちも欲しくなってきましたね」

「小林さん、本日はあなたがゲストだからどうぞ先に挿れてあげてください。今日はまだオマ○コはヴァージンのままですから」

「そうですか、それじゃあ遠慮なくいただくとしますか。うひひ」

彼は里穂を突き倒して四つん這いにすると、唾液が滴る男根を膣穴に捩じ込みました。

「あうっ」

待ち侘びていた男根挿入に、里穂の理性は一気に崩壊したようでした。小林氏が背後からチ○ポ抽挿を繰り出すと、仰け反りながら歓喜の牝叫びを張り上げたのです、

「あぐぅ、あが、ああああ……気持ちいぃ！」

「うるさいぞ、ご近所迷惑になるじゃないか」

口封じに私のペニスを喉に突っ込み、里穂を黙らせました。膣穴には小林氏のチ○ポ、口内には私のチ○ポ——体の入り口と出口を二本の肉棒で塞がれて、口から肛門まで連結状態のまま里穂は悶絶しっ放しでした。

「いや、こちらの穴もなかなかの上物ですよ」

小林氏が満足げな声をあげました、私にも膣穴をゆずってくれましたが、確かに想像していた以上の極上マ○コです。いわゆる「ミミズ千匹」というか、肉棒を出し入

れすると、膣襞が吸盤のようにまとわりついてきます。

私は肉棒連結したままベッドに仰向けになり、里穂を四つん這いから騎乗位の体勢にしてやりました。里穂は飲み込みの早い女で、こちらが何も指示しなくても自ら腰をグラインドさせ膣襞でペニスを扱き立ててきます。牝腰を上下に振るたびに、男根を深々と飲み込む結合部が露わになり、エロさ満点です。

小林氏はいつの間にか、里穂の口にちゃっかりと肉棒を咥えさせていました。里穂は再び上下の穴をチ○ポで串刺しにされた形です。私の股間に跨ったまま小林氏の極太マラを美味そうにむしゃぶりついていたかと思えば、気持ちよすぎるのか、時折我慢できなくなると口を離して喘ぎ狂います。

「だめっ、だめだめっ、イッちゃうぅ」

「イッてもいいんだぞ。何回でも好きなだけイケよ」

私と小林氏は入れ代わり立ち代わり、里穂のオマ○コと口唇を凌辱しました。彼とはコンビを組むようになってから、もう何度もこうした輪姦プレイを経験しています。だから、あうんの呼吸で事は進んでいきました。

小林氏がハメているときに、間合いを見計らって私は言いました。

「小林さん、出したくなったらいつでもどうぞ。私は後でかまいませんから、お好きなタイミングでご自由にイッちゃってください」

「オッケーです」

小林氏のピストンが加速モードに投入しました。

「だめっ、だめだめっ。中には出さないで。今日はできちゃうかもしれないから」

侵入しようとする小林氏の肉棒を、里穂は必死に押し留めようとしました。

「そんなに暴れるなよ。チ○ポが抜けたらもったいないだろう」

私は里穂の両脚を抱え込んで、押さえ付けました。

「いやっ、だめよ、だめだったら。ちゃんと避妊してぇ」

嫌がる女を無理やり凌辱するというのは、雄の本能を刺激されて昂るものです。

「大好物のチ○ポ汁、オマ○コの中にたっぷりと出してやるからな」

顔を真っ赤にして汗だくになった小林氏が吠えました。

「嫌、やめてそんなの……いやっ、いやああっ」

「バックで出されると、子宮の奥まで精液が流れ込むぞ」

「あうう……」

「くぅ、イキそうだ……ほら、出すぞ！」

「だめえええっ、イクぅ、イッちゃうっ！」

小林氏のザーメンが膣内で暴発したのと、里穂がイッたのはほぼ同時でした。

里穂はアクメの余韻にグッタリしていましたが、小林氏はと言うと、まだスタミナを持て余しているらしくそのまま腰を繰り出し続けています。

小林氏は里穂の片足を抱え上げると、間髪入れずに松葉崩しの体勢で突き続けました。

そして、もはや喘ぎ声もあげられずにオナホール同然となった里穂のオマ○コにまたもドクドクと大量の精液を放出したのです。

肉裂からは、混ざり合った雄汁と牝汁がみるみる溢れ出しました。

「ああ、そんな……孕んでしまうわ」

「ふふふ、里穂さん。僕はね、パイプカットをしているんだ。だからどんなに中出ししても妊娠する心配はないんだよ。大丈夫」

小林氏は優しく諭すような口調で里穂に説明しました。

「聞いた通りだよ、里穂さん。だから、何回でも気兼ねなくハメていいんだよ。私が今日ここになぜ小林さんを呼び出したのかもこれで理解できたでしょう」

私も重ねて里穂をなだめるように言いました。

里穂は茫然としたまま黙って聞いていましたが、妊娠リスクがないと聞いて安心したようです。それに「何回でも気兼ねなくハメていい」と私が口にした言葉を聞き逃さなかったのでしょう。心なしか、淫靡な表情を浮かべているような気がしました。輪姦プレイを再開すると、その予感は的中していました。里穂はさっきよりも積極的になっていたのです。

里穂はM字開脚ポーズになり、指を逆ピースの形にすると、逆流ザーメンが溢れ出る肉ビラをクイッと押し開き媚びるように懇願してきました。

「お願いです、オマ〇コ舐めて」

そして、私たちが見守る前でマンズリを始め、秘裂を見せつけました。それだけではなく、膣穴を掻き回して恥汁まみれになった指を口に咥え、吸茎を見せつけるように舐め回しました。チ〇ポが欲しいと訴えているのです。

小林氏が肉棒を目の前にチラつかせてやると、里穂は再び硬くなったペニスをしゅるしゅるとしごきながら、舌を伸ばして玉袋まで口淫愛撫しました。やはり人妻らしく、自分が楽しむだけではなく相手を喜ばせようという心遣いが感じられます。

小林氏は里穂にしゃぶらせたまま、ベッドに寝転がるとベンチプレスの要領で里穂の腰を持ち上げ、顔前にオマ○コを掲げました。シックスナインの体勢です。

「うぐうっ……じゅ、ぷふっ」

マン汁でふやけた肉壺に舌を捩じ込んでやると、里穂は涎を垂れ流して声にならない喘ぎ声を漏らしました。それでも口はチ○ポを咥えたまま死守しています。

「よし、こうなったら根競べだ。先に口を離した方が負けだぞ」

小林氏も意地になって里穂のオマ○コに吸い付きました。

じゅるっ、ちゅぱ、ちゅぱつ、ぶちゅるるるるっ！

凄まじいバキュームクンニ攻撃に、里穂の膣襞が震えて卑猥な音色を響かせました。形の良い里穂の尻を両手で揉みしだき、舌先でクリトリスを転がしながら淫裂を舐め続けると、勝負はあっけなくつきました。

里穂は根負けし、肉棒から口を離すと口走りました。

「ああっ、ハメて……膣にいっぱいザーメン注いでください……」

「あれだけ中出しを拒んでいたのに、現金なエロ奥さんだな。よしよし、お望み通り、また中に出してあげますよ」

「里穂さん、すっかり膣内射精が気に入ってしまったようですね。そりゃそうだよな。中出しセックスなんてずいぶんご無沙汰でしょう」

「旦那さんに最後にしてもらったのは何年前ですか？　教えてくださいよ」

「もう、恥ずかしいからそんなこと言わないで……」

私が茶化してやると里穂は顔を赤らめていましたが、牝の本能には抗いきれません。小林氏の生マラ挿入に喘ぎ狂った挙げ句、オルガの渦に飲み込まれて、子宮がタプンタプンになるほどの中出しスペルマ無間地獄に溺れたのです。

里穂とは現在でも不倫関係を続けています。小林氏を交えた輪姦セックスをブログにアップするようになってから、アクセスが爆上がりしました。近頃は私も他のセフレとの出会い系活動が忙しいのですが、彼女の「安全日」には必ず一緒に生ハメ中出しを楽しんでいます。

今では、すっかり中出しなしには生きられない肉体になってしまったようです。もはやこうなっては、里穂が旦那に三行半を突きつけるのも時間の問題でしょう。実は、今日もこれから里穂を呼び出すつもりです。

●欲求不満の四十路人妻を肉欲カウンセリングする売卜（ばいぼく）者の密かな愉しみ。

不倫に悩む人妻の身の下相談に乗っているうちに——

【告白者】坂口祐一（仮名）／39歳（投稿当時）／会社員

私は某健康食品販売会社で営業課長をしています。まだ40代手前の年齢で課長に昇進できるほどのセールスを挙げられたのには理由があります。それは「占い」という特技があるからです。

私が若い頃は占いブームで、テレビで占い番組が人気でした。私もよく観ていましたが、中でも興味を引いたのが手相占いを得意とする某カリスマ占い師です。その占い師が毎回美人女優や女性アイドルの手を握って「あなたには淫乱の相が出ていますね」などと適当な下ネタをかましてウケまくっているのを見て（そうか、この手があったか！）と思いました。

私は当時営業トークに自信がありましたが、営業成績は今ひとつ伸び悩んでいました。何か武器が欲しいと思っていたときにひらめいたのが手相占いだったのです。

早速、私は独学で手相占いを猛勉強して、習得しました。

健康食品販売という仕事柄、私は主婦を多く相手にしています。

この手の主婦は何らかの悩みを抱えていて、占いと言えばすぐに飛びついてきます。おかげで商談は上手くまとまるようになり、それどころか人妻からの〈身の下相談〉まで舞い込んでくるようになりました。

今回はそんな悩み多き人妻から寄せられた数多くの相談の中から、特に印象に残っている体験談をお話しします。

その女は浩美という45歳の平凡な主婦でした。20代で結婚し、一人息子はすでに独立して旦那と二人暮らし。早く結婚した割に若々しさを保っていましたが、本人は美容に気を遣ってコラーゲン配合食品を定期注文していました。

浩美が美容を気にしていたのには理由がありました。不倫相手がいたのです。

その相手とは、ダブル不倫関係をずるずると続けていたと言います。

「でもあの男、最近何だか態度がよそよそしいのよ。奥さんにも未練たっぷりだし。もしかして、もう私に飽きているのかしら」

どうやら浩美は、男から捨てられるのではないかと不安だったようです。それで思い悩んだ挙げ句、私に頼ってきたというわけでした。

「どれどれ、では占ってみましょうか。ちょっとお手を拝借」

私は浩美の手を握りました。彼女の手のひらは柔らかく、ふっくらとしていました。しかも肌はきめ細かく、汗ばんだようにしっとりしています。この手の持ち主はオマ○コも濡れやすくて抱き心地抜群。私の統計学……否、経験から述べると、こういう女は根が淫乱で誘惑に弱いタイプです。

「浩美さんは、恋愛体質だね」――試しに鎌をかけてみました。

「あら、わかる？　当たっているわ。やっぱりたいしたものね」

浩美は声を上ずらせて、無邪気にはしゃいでいました。まったく単純な女です。

私はさらに目を凝らして、じっと手のひらを覗き込みました。彼女の手相は感情線が千々に乱れ、男女の出会いを暗示する影響線もたくさん交差していました。手側面に結婚線が深く刻まれていましたが、その横には「浮気線」も数本浮かんでいます。

「ほほぉ、ううむ、なるほど……」などと意味ありげに呟きながら、手に浮かぶ皺をあたかも女性器を愛撫するかの如く触ってやると、浩美は不安と官能が入り混じったような熱を帯びた目つきで私を見つめていました。

「ズバリ言わせてもらうと、その男性とは上手くいきそうもないですね」

「いやだ。私、やっぱり捨てられるの？」

「いいえ、むしろ浩美さんの方から他の男性に乗り換えるという相が出ています。御覧なさい、ここのところに浮気線がくっきりと出ているでしょう。この線によれば……むむむ、近々、転機がありそうですね。40代半ばで一度別れが訪れて、すぐに次の出会いがあるようだ」

「そうなの？　本当に？」

浩美は、歓喜とも取れる妙な声で呟きました。

「次の相手って、どんな男性なのかしら」

「知りたいのですか。ふむ、どれどれ……」

私は浩美の手のひらをサワサワと撫で回してやりました。彼女はビクッとして一瞬手を引っ込めましたが、その指を包み込んできゅっと握り締めると、力が抜けたように身をすくめました。顔は真っ赤に火照っていました。

「あなたはもう、すでにその男と出会っています。案外、近くにいるかもしれませんよ。例えば、すぐ目の前とか」

「え？」

「おっと、そろそろ次の訪問先に行かなくては。まあ、私でよろしければ、また相談に乗りますよ。いつでもご連絡ください」

私は笑顔を見せ、彼女の自宅を後にしました。

その三日後、浩美からスマホに着信がありました。

「あのぉ……この前のお話、あれって本当のことなの？」

「この前の話とは何のことです？」わざとすっ呆けてやりました。

「その……、目の前がどうのこうのって」

「ああ、本当です。手相によると、あなたと私はどうも出会うべく運命だったと出ています。私の占いが信じられないのですか？」

「いえ、そんな。実はその件で相談があって、どこかで会っていただけないかしら。できれば自宅じゃなくて、もっと落ち着ける場所で……」

浩美は戸惑いながら言いました。抱いて欲しいのがバレバレです。

「わかりました。では今日の午後○時、××ホテルのロビーで」

私は待ち合わせ場所を指定し、その日の午後の仕事は全てキャンセルしたのです。

浩美は時間通りに、いそいそとシティホテルにやってきました。派手にめかし込んでいて、普段の姿とは違えるようです。唇に真っ赤なルージュを塗り、薄手のブラウスに丈の短いスカートという年甲斐のない格好でした。

「ここでは何だから上に行こう。部屋を取ってあるから」

会うなり告げると、浩美は素直に頷きました。

部屋に入ってすぐに唇を奪ってやると、浩美はもはや為すがままでした。ブラウスを剥ぎ取ると、服の下には綺麗な刺繍の入った紫色のハーフカップブラと小さなビキニショーツを着けていました。下着もド派手にめかし込んでいます。ビキニショーツの花柄の刺繍の入った薄いフロント布からは陰毛が覗いていました。

「セクシーな下着を穿いているね。勝負下着なのかい?」

「そう、紫色は今日の私のラッキーカラーなのよ」

そう言って、浩美は艶っぽく微笑みます。

私は改めて、下着一枚になった浩美をまじまじと眺めました。

ブラジャーに包まれた乳房は小振りですが形が良く、括れたウエストから広い骨盤に広がる曲線には少しの緩みや贅肉もありません。丸みを帯びた尻は、まだ30代前半と言っても通用するほど引き締まっていました。四肢もよく均整が取れています。

「いやだわ、そんなに見つめないで」

浩美は股間を抑えながら、恥じらうような声を漏らしました。

しかし、私は見とれていたわけではありません。浩美の性感帯と性戯の好みを占っていたのです。

（この肉付き……腰がきゅっとくびれていて、足首も細い。女陰の締まり具合が良さそうだ。ふうむ、それに恥毛が菱形に茂っている。いつも誰かを愛し愛されていないと気が済まない淫乱の相だ。これはおいしいセックスが楽しめそうだぞ）

そう占断すると、私は浩美の細身肢体を抱き寄せてブラジャーに手を掛けました。

「ああ、いやぁ……」

フロントホックを外すと、予想通り、小振りながら形の良い乳房が飛び出しました。乳輪は少し大きめで、その先にはいかにも敏感そうな褐色の乳首が付いています。

私はその乳房を揉みしだきながら、乳頭の先端を撫で回しました。触れるか触れないかのフェザータッチで擦ると、乳首がにょきっと突出してきました。

「あふっ」

浩美が甘い声を漏らしました。

手のひらで乳首を擦っているうちに乳輪が隆起し、乳首がますます尖ってきました。

「はあぁん、感じちゃう……気持ちいいわ、ああ、ああんっ」

さすがは酸いも甘いも知った人妻です。何とも悩ましい声で喘ぎまくります。

浩美の乳首を舐めながら、指を陰部へと忍ばせました。ビキニショーツのクロッチ布の上から陰部をなぞるように愛撫すれば、秘裂から淫水が湧き出してみるみるうちに股布は濡れそぼってきます。びしょ濡れになった布に肉ビラの形がくっきりと浮かび上がってきました。実にそそるオマ○コの形です。

ショーツの脇から手を潜らせ、クリからラビアまで、じっくりと弄り回しました。

「ああ……恥ずかしいわ」

頃合いを見てショーツを脱がそうとすると、

「待って……シャワーを浴びてから」理性はまだ僅かながら残っているようです。

浴室に行き、お互いに体の隅々まで洗いっこしました。

浩美は私のペニスを掴んで扱くように洗います。さらに、股間から尻穴まで……その献身的なご奉仕ぶりはまるで湯女のそれでした。

私は浩美の性毛を洗いながら、そのまま指先を股間に滑らせました。

「あん、そこは自分で洗いますから……」

浩美は、太腿を閉じて拒みました。羞恥がこみ上げてきたのでしょう。

「駄目だよ、ここも綺麗に洗っておかなくちゃ」

私は半ば強引に指先を割れ目に滑り込ませ、クリから陰唇まで綺麗に磨き上げました。ラビアはすでにふやけて、ドロドロです。

私は指先を第一関節まで膣壷にめり込ませてやりました。

「浩美さん、玉門占いって聞いたことある？」

「ぎょくもん？　何それ」

「玉門というのはオマ〇コだよ。玉門の相、つまりマン相で運勢を占うんだ。あとでじっくりと鑑定してあげるよ」

「いやだわ、もう」

浩美は顔を赤らめましたが、その表情に期待の色が混じっているのは明らかでした。

シャワーを出ると、浩美は先ほどまで全裸で抱かれていたくせに、また恥ずかしそうにタオルを体に巻いてベッドに横たわりました。

その体をそのまま抱き寄せると、生温かな肌がしっとりと息づいています。

私はバスタオルを剥ぎ、乳首を舌先でつんつんと突いてやりました。

「あふっん、ああん」

浩美の口から微かな溜め息が漏れ始めました。

指先を使い、腰から臀部、太腿、下腹部そして股間へと愛撫していきます。

股間の奥に指先を忍び込ませて、クリを捏ね回してやりました。

「ああ、そこ、気持ちいい……もっと弄ってぇ」

指先で陰部を弾くたび、浩美は言葉にならない喘ぎ声を漏らします。好色な女だとは思っていましたが、まさかここまで淫乱とは予想していませんでした。まさに当たるも八卦、当たらぬも八卦です。

「どれ、玉門をじっくりと拝ませてもらうとするかな」

左右の手でオマ○コをぱっくりと押し開くと、肉ビラがネチャッと卑猥な音をたて、粘り気のある淫水が糸を引くのがわかりました。

「うーん、ここからでは肝心な女陰の相がよく見えないな。もっと近くで見たいから、こっちに来て。顔の上を跨いでくれないか」

「ええっ？」

有無を言わせず、浩美の腰を引き寄せて膝を割りました。目の前に黒々とした陰毛が茂っています。浩美は股を開くと、覚悟を決めたように私の顔を跨ぎました。仰向けに寝た私の眼前に、赤褐色の秘唇が展開しました。肉ビラの間からは潤った秘裂がヌラヌラと淫らに輝いています。

「おお、これは百人に一人の素晴らしいマン相だ。特に、このイボイボの襞。玉茎を一度咥え込んだら、絡み付いて離さない。浩美さんは玉茎運に恵まれているね」

「坂口さんとの関係は今後どうなるの……教えて」

「まあ、そんなに急かさないで」

私は浩美のオマ○コにペロリと舌を這わせました。肥大したクリを吸い、厚ぼったく腫れたラビアを何度も舐め回すと、ヴァギナの奥から大量の愛液が溢れ出して顔面をベトベトに濡らします。

私は肉棒を握り、易者が筮竹を使うように両手できり揉みしました。そして、いきり勃った占い棒を浩美の膣壷に突き立て、一気に串刺しにしてやりました。

「坂口さんのオチ○チン、硬い……ああ、あああんっ」

浩美は半狂乱になって、腰を激しく揺さぶっています。抽送するたび、私のペニスは愛液で潤った肉穴にずぶずぶと飲み込まれていきました。

やはり、使い込まれた人妻のオマ○コはひと味違います。ヴァギナの中は溶けるように熱く、ねっとりとペニスを包み込む膣襞の感触がたまりません。

「どうだい、俺のチ○ポは。不倫相手のつまらない肉棒なんて目じゃないだろう」

「あはぁん、もうあんな男のことは吹っ切れたわ。今は坂口さんのチ○ポがいいの……もっと奥まで激しく突いてぇ、オマ○コメチャクチャに犯して！」

浩美がペニスの感触を味わうように腰を上下しました。

「坂口さん、私のオマ○コの具合はどう？」

突然、肉壷がきつく締め付けられました。

「すごい締まりだよ。俺の肉棒と相性がピッタリだ」

「ああ、嬉しいわ……」

浩美は好色な笑みを浮かべて、さらに食い締めてきます。股間の奥からムズムズする快感が湧きあがってきました。このままでは暴発しそうです。

私は浩美の腰を持ち上げ、マングリ返しの体勢を取りました。

「お望み通り、奥まで犯してあげるよ。陰陽和合だ」

くるりと反転して浩美に尻を向ける姿勢で股間に跨り、太腿を手で支えながら串刺しにしてやりました。四十八手でいう「砧」の体位です。

直下型ピストンを叩き込めば、肉棒はジュプッジュプッと卑猥な音を立てて根元まで奥深く飲み込まれていきます。

「あぐぅ、あうう」

浩美は苦悶の表情を浮かべ、酸素が足りない金魚のように口をパクパク。

「どうした、あまりの気持ちよさに声も出ないか」

意地悪く問いかけ、さらに突き抉りました。腰を捻り、膣襞を掻き削るようにコークスクリューの連打で打ちのめしてやります。

「うっ、あっ、子宮に、当たって、気持ちいい、わ」

浩美は掠れたエロボイスを一言ずつ区切り、声を絞り出すように喘ぎっ放しでした。痴女のように口唇を半開きにし、その口元からは涎が垂れ放題です。

私の眼前には、浩美の黒ずんだ肛門がぽっかりと口を開けていました。

菊蕾が抽送に連動するようにヒクヒクといやらしく蠢いています。私は浩美の尻穴を虐めてやりたくなりました。

私は潤滑ゼリーを手に取り、裏門にたっぷりと馴染ませました。

「あ、そこは……」

浩美は慌てふためきましたが、私はかまわず指を侵入させます。

「今日は特別大サービスだぞ、アナルも占ってやろう。アナルの相はね、皺の本数で判じるんだよ。どれどれ、一本、二本……」

「ああ、いやぁ」

「動いたら数えられないぞ」

ピシャリと尻肉を叩いてやると、浩美はますます恥ずかしそうに身を捩ります。私はお仕置きとばかりに肛門に指を突っ込み、穿り回しました。

「ひぃっ」

「アナルでしたことはあるのか？」

「……あ、あるわ」

私は浩美を四つん這いにさせると、後背位から肛門に男根を捩じ込みました。アナルセックスの経験があるというのは嘘ではないようです。浩美の裏門は意外なほどすんなりとペニスを咥え込みました。

「ああん、すごいわ」

よがる浩美を見下ろしながら、縦横無尽にケツメドを掻き回しました。ペニスで突きながらグルグルと掻き回すと、菊襞が張り裂けそうに広がります。

「ああん、気持ちいいわ。もっと、もっと、もっと激しく犯して」

　浩美が狂おしいほどに喘ぎまくりました。

「なんだ、ケツの穴もそんなに感じるのか。オマ○コとアナル、どちらの方が気持ちいいのか言ってごらん」

「うう、お尻の穴です……オマ○コよりも肛門の方が感じてしまいます」

その瞬間、浩美のアナルがぎゅっと締まり、我慢できなくなった私は浩美の尻たぶに大量のザーメンをぶちまけたのです。

私のペニスは果ててもまだ硬度を保っていました。鈴口からは白濁精液の滴がぽたりぽたりと垂れ落ちています。

「坂口さんのオチ○チン舐めさせて。私が舌で綺麗にしてあげる」

浩美はそう言うと、私のペニスに舌を這わせました。スペルマを舌で絡めとるように舐め上げたり、肉棒を根元まで飲み込んで喉奥で締め上げたりと、浩美のフェラテクはなかなかのものです。

「さすがに年季が入っているだけあって、フェラが上手だな」

「だって、オチ○チンが好きなんだもの。それに、坂口さんとは何だか運命を感じるから、フェラチオにも気合が入ってしまうわ」

浩美は熱心に舌を動かしながらフェラに没頭しています。なかなか可愛い女です。

「もう一回ハメたくなってきた」

「いいわよ。今度は私が上になってもいい？」

浩美は私の上に跨ると、ペニスを掴んでオマ○コの入口にあてがいました。そして、私を見つめながらゆっくりと腰を下ろしたのです。

ペニスは愛液で潤った膣壷にすっぽりと飲み込まれていきました。

ねっとりとペニスを包み込む肉壁の感触がたまりません。これぞ、人妻のオマ○コです。色々な男に使い回された経験豊富な年増女の熟れマ○コは気持ちいいものです。

「あ〜ん、すごい、坂口さん。あ〜ん、だめ〜ん！ぁぁぁあん」

浩美は感じまくり、荒れ狂ったように上下左右に腰を動かします。そのたびに肉棒にものすごい圧がかかってチ○ポ汁がこみ上げてきます。

　グラインドに合わせて、浩美の乳房がブルンブルン揺れていました。不倫三昧で女性ホルモンが活性化している上、日頃から健康食品で大豆イソフラボンを摂取しているせいか年齢の割に張りがあります。私はおっぱいを鷲掴みにして、揉みしだきました。

「ああん、あんあん、ああーん」

　浩美は指を噛んで、甘えるような声を出しました。

　喘ぎながらも腰を振ることはやめようとせず、悩ましく悶えまくります。

　ついさっき射精したばかりなのに、また出したくなってきました。

「出るよ。このまま出してもいい？」

　浩美は返事もしないで腰を振り続けています。それを承諾の意味に受け取りました。

「うう、出るっ、イクぞ、中に出すぞ」

「あんあんあん、い、い、いん、いっぱい出して！」

　私は浩美の中に精を放ちました。二回目と思えないほど大量の白濁精液でした。

　終わった後は二人ともぐったりして、抱き合ったまま余韻を楽しみました。

　これまで何人もの人妻を占い、タダマンにあやかってきましたが、浩美とのセックスほど印象に残っている情事はありません。

浩美との不倫は、その後もしばらく続きました。

彼女は例の男とは手を切ったらしく、会うたびに私の色に染まっていきました。

浩美はいわゆる「福マン」の持ち主だったようです。彼女と肌を重ねるようになってからというもの、私の運気もどんどん上向いていきました。

しかし、その運気も長くは続きませんでした。私が勤めていた健康食品会社が商品の成分の誇大表示をしていたということで、薬事法違反に問われてしまったのです。よりにもよって、その商品は浩美が愛用していた健康食品でした。

結局それが元で会社は倒産し、それ以来、浩美と会うのが気まずくなりました。彼女は気にしないでと言ってくれましたが、密会の回数は次第に減っていきました。

占い業界に「易者身の上知らず」という言葉があります。易者は他人の運命を占うのに、自分の身のことはさっぱり分からないという意味ですが、私もまさにそれです。

私は就活に苦労した末、地方の町工場にようやく職を得て転勤しました。

浩美と別れてからはツキに見放された私ですが、占いだけは今でも続けています。工場にもパートタイムで働いている人妻がいるので、最近は昼休みなどに手相を観てやりながらあげまん女を探している毎日です。

●後妻が統べる家では淫魔が召使い。空き家マ〇コ活用プランをご提案します。

資産家親娘三世代を食いものにして手に入れた色と欲

【告白者】島田正彦（仮名）／48歳（投稿当時）／会社員

私は某不動産会社で土地活用の営業をしています。

土地活用営業というのは、地主様が所有する土地を有効活用するためにさまざまなご提案をさせていただく仕事です。業務の性質上、一度ご縁をいただいたオーナー様とは長いお付き合いとなります。それこそ、一生涯孫子の代までのご縁になることも多いのです。私が長年担当している藤原様もそのような地主様でした。

藤原様とのお付き合いはもう何年程になるでしょうか。あれは私がまだ20代でしたから、かれこれ二十年以上にはなると思います。

入社二年目にして私が初めて契約を取り付けたお客様、それが藤原様です。連日ご自宅まで押し掛けても追い払うこともせず、根気強く話を聞いてくださいました。

私とて、藤原邸に熱心に通い詰めたのは契約が欲しかったのはもちろんですが、それとは別の理由もありました。奥様の瑠璃子さんにお会いするのが楽しみだったのです。

瑠璃子さんは藤原家に後妻として嫁いできたばかりでした。当時、彼女は24歳。藤原様が還暦に手の届くご年齢でしたから、かなりの年の差婚です。

それだけの年齢差ということもあって、藤原様は彼女を溺愛してどんなわがままも聞いていました（藤原様が私の土地活用プランを承諾してくださったのも、実を言うと瑠璃子さんの口添えがあったおかげです）。

ご親族の中には瑠璃子さんのことを財産狙いだと非難する方もいました。その中でも一番口さがなく批判していたのが藤原様の一人娘・里香さんでした。里香さんはすでに結婚して家を出ていらっしゃいましたが、お二人はほぼ同世代でしたから里香さんが瑠璃子さんを疎んじたのも無理からぬことでしょう。

実際、私が藤原邸にお邪魔した際に、たまたま帰省していた里香さんが瑠璃子さんにきつく当たっているのを何度か目にしたこともありました。

そんな折は、納戸の陰で涙に暮れる瑠璃子さんをよく慰めて差し上げたものです。

「瑠璃子さん、周囲の声なんてあまり気になさらない方がいいですよ」

「ありがとう。優しいのね、島田さんは……」

彼女は私を熱っぽく見つめます。こんなとき、私はいつもドキドキしました。名は体を表すとの言葉通り、瑠璃子さんの瞳は宝石のように麗しく、その表情はどこか愁いを帯びていて守ってあげずにはいられない雰囲気を備えていました。美人ではあるものの性格がきつい里香さんとはまったく対照的な女性でした。

「だけど仕方ないわ。こんな風に言われるのも覚悟の上で嫁いできたんだから」

「しかし、瑠璃子さんはそれで幸せなのですか？」

私は思わず、普段から気になっていたことを口走ってしまいました。

「え？」

「いえ……差し出がましいようですが、私の眼には瑠璃子さんが結婚生活にあまりご満足のようには見えないのです」

もしかしたら旦那様との夫婦生活に欲求不満を抱いているのではありませんか——そう口を突いて出そうになった言葉を私は慌てて飲み込みました。

瑠璃子さんは私が言わんとしたことに気付いたようでした。その日以来、彼女は私のことを意識するようになったのです。営業マンではなく、明らかに一人の男として。

それから、男女の関係になるまではあっという間でした。

ある夜、会社で残業をしていると、瑠璃子さんから直接スマホに着信がありました。

「夜分にごめんなさい。資産運用で相談があるの。今から来てもらえないかしら？旦那は今夜、地元ロータリークラブの親睦旅行で不在なんだけど……」

私はデスクワークを放り出して、足早に藤原邸へ駆け付けました。

玄関先で出迎えてくれた瑠璃子さんは、薄手のネグリジェの上にカーディガン一枚という格好です。顔がほんのりと赤らんでいて、軽く酔っているようでした。

「来てくださったのね」

瑠璃子さんは吐息をつきながら、私の肩にもたれかかりました。すぐ目の前に瑠璃子さんの唇があります。私はその唇に吸い付きました。

お得意様のアフターケア、それも営業担当者の大事な仕事です。

口腔を舐め回すと、瑠璃子さんも舌を絡みつかせてきます。私は舌を動かしながら、同時に指をパンティに忍ばせてオマ〇コを弄りました。

瑠璃子さんの秘部はすでに熱く火照り、濡れたぎっていました。

「来て……好きにしていいのよ」

彼女はネグリジェを脱ぎ捨てて、ベッドに全裸で横たわりました。瑠璃子さんとこうなるのをどれだけ夢見ていたことでしょうか。私は乳房にむしゃぶりつきました。

「ああん、もっと優しくして」

瑠璃子さんは両手で私の背中にしがみつき、甘えるような声を出します。

「私、いけない人妻ね。旦那の留守中にこんなことをするなんて」

「旦那様とはセックスレス状態が続いていたんでしょう？　私は薄々、感づいていましたよ。瑠璃子さんのオマ○コは、言わばずっと空き地状態だったわけでありませんか。だったら、土地の有効活用をご提案するのが私の務めです」

「島田さんったら、そんな……恥ずかしいわ」

私は彼女の両脚を抱えてがばっと開くと、股座に鼻先を突っ込みました。

「ああん、いやんっ」

舌をぺちゃぺちゃと動かすと、瑠璃子さんは愛らしい声で喘ぎました。人妻とは言え、やはりまだ20歳そこそこの若さが滲み出ます。

「いいっ、いいっ、ああん……そこぉっ」

足首をがっしりと掴んでマングリ返しにしてやると、形のよいお尻まで丸見えに。

「だめ……いや、そんな……見ないでぇ」

瑠璃子さんはうぶな少女のように顔を赤らめて恥じらいます。その痴態に私も欲情し、尖った舌をいっそう膣裂の奥へと捩じ込んでやりました。

「ああ、私ばかりが気持ちよくなったら申し訳ないわ。今度は私が舐めてあげる」

「じゃあ、遠慮なく」

仰向けに寝て両脚を投げ出すと、瑠璃子さんは私の股間を割って跪きます。そして、私の肉棒をやんわりと握り締め、頭を垂れて口唇を亀首に近づけました。

瑠璃子さんは舌を出し、ソフトクリームを舐めるようにぺろりと肉棒を舐めました。

「凄い、もうこんなに大きくなって……硬くて太くて、やっぱり旦那とは違うわ」

そう言いながら口を開け、ペニスを丸飲みにしました。ねっとりとした舌が竿全体に絡み付いてきます。瑠璃子さんはそのまま頭を上下に揺らし、積極的なストロークで咥え込んできました。

じゅぶっ、じゅじゅっ、ちゅぶぶっ……ぶぢゅるるっ！

「はぁ、久しぶりに味わう若いチ○ポ、たまらなく美味しいわ」

うわ言のように呟きながら、瑠璃子さんは夢中でしゃぶりついてきます。欲求不満がよほど溜まっていたのに違いありません。普段のか弱そうな印象から想像もできないほどの激しい舌遣いでした。

「もう我慢できない、ハメて……この極太でオマ〇コをぐちゃぐちゃに犯して！」

瑠璃子さんは男根を力強く握り締め、切ない表情で懇願してきます。感極まった私は彼女を押し倒して組み伏せました。

「瑠璃子さん、挿れますよ」

「ああ、来てぇ」

濡れ乱れた媚肉を押し分けて捩じ込むと、ペニスはずぶずぶと埋没していきました。肉裂はマン汁が溢れ返り、ドロドロにふやけていました。

「あああんっ！　すごい、奥まで……奥まで刺さっているわ……あああっ」

ピストンを叩き込むたび、膣襞がヒクヒクと収れんして肉棒が粘膜に包み込まれます。ガツガツと性急に腰を打ち付けると陰毛が擦れ、肉がぶつかり合ってねちゃねちゃと粘っこい淫音が響き渡りました。

「あぁっ、いいっ、いいっ……ああんっ」

パンッ、パンッ、パンッ、パンッ！

瑠璃子さんの腰を両手で押さえつけながら腰をぶち当てると、豊かな乳房がゆさゆさと揺れまくり、柔らかな白い肉が波打ちました。

「ああ、イクっ、いっちゃいそう」

「まだだめ。せっかくだから、もっと楽しませてくださいよ」

ペニスを引き抜き、彼女を四つん這いにして白い尻を両手で鷲掴みにしてやりました。溢れ出した牝汁で内腿までべっとりと濡れています。膣穴にチ〇ポを突き立て、腰を繰り出すと肉棒はにゅるりとオマ〇コに吸い込まれていきました。

「はああん、すごい……いいっ」

瑠璃子さんは両手の爪で、シーツを掻き毟りながら豊満な女体をくねらせました。

私は尻肉を掴んで腰を激しく打ちつけました。パツパツと肉がいやらしい音を立て、瑠璃子さんが悲鳴を上げてよがり狂います。

「イクっ イクぅ、イッちゃううう……うあはうっ！」

瑠璃子さんは絶頂に達し、あえなく果ててしまいました。

しかし、私の欲動は止まりません。

彼女がベッドに倒れ込むと、そのまま片足を抱えて大股開きで松葉崩しに突入です。恥骨を押し付けるように密着したまま小刻みに腰を振ると、チ〇ポはより深く膣壷に捩じ込まれていきました。

さらに反対側の足も抱え上げ、屈曲位で抽送を叩き込むと、瑠璃子さんは再びイッてしまいました。

「こっちはまだ一発もイッてないというのに欲張りだな、瑠璃子さんは」

合体したまま正常位に戻り、荒っぽく腰を振り続けました。

「ああ、島田さんもイッて……出して、中でいっぱい出してぇ」

瑠璃子さんが絶叫しました。

「中出ししていいんですね」

私は腰を動かしながら問い詰めました。

「いいのよ、心配しないで出して……大丈夫だから……はあぁんっ」

私は荒ぶる腰をいっそう突き回し、膣内を撹拌してやりました。

「ああっ、あああんっ、イク、またイッちゃううう！」

「こっちもイキそうだ、中に出すぞ」

私は瑠璃子さんの体を抱きしめながら、オマ〇コにドクドクと精液を放出しました。

「すごい、熱いザーメンいっぱい流れ込んでくるのが分かるわ……ああ、最高よ……こんなに気持ちいいセックス、初めて」

結合したまま、しばらくの間ぐったりして放心状態の瑠璃子さんでした。

瑠璃子さんが藤原家を出たと聞かされたのは、それから数カ月後のことです。

噂では、里香さんのイビリに耐えきれなくなったのだろうとのことでした。

「あれも気が強い女で、我が娘ながらまったく困ったものだよ」

藤原様はひどく寂しそうに仰いました。あれほど瑠璃子さんを溺愛していた藤原様のことです。彼女を手放すなんて、さぞ心痛だったに違いありません。

瑠璃子さんがいなくなってから一カ月も経たないうちに、藤原邸に里香さんご夫婦が引っ越してきました。

「高齢で一人暮らしとなった父親の世話をするために同居することにしたのよ」

藤原邸へご挨拶に伺うと、里香さんはそう言いました。

「そうでしたか。こちらにはちょくちょく顔を出させていただきますので、今後ともよろしくお願いいたします」

「瑠璃子さんがいた頃もしょっちゅう来ていたものね」

里香さんは私の体を値踏みするようにジロジロ見つめながら言いました。

「私、知っているのよ。瑠璃子さんがあなたと不倫していたこと」

里香さんはＩＣレコーダーを私に差し出すと、再生ボタンを押しました。

『……瑠璃子さんのオマ〇コは、言わばずっと空き地状態だったわけでありませんか。だったら、土地の有効活用をご提案するのが私の務めです』

流れてきたのは私の声でした。数カ月前に瑠璃子さんの前で放った台詞です。

「こ、これは――」

「悪いわね、全部録音させてもらっていたの」

勝ち誇ったような口調で里香さんが言い放ちました。

「瑠璃子さんもおとなしい顔して大した玉ね。営業マンを家に引っ張り込んで浮気をするなんて。でも、おかげで邪魔者を追っ払えてせいせいしたわ。あの女、ちょっと弱みにつけ込んで脅してやったら自分から荷物をまとめて逃げ出したわよ」

瑠璃子さんの出奔にそんな理由があったとは――私は茫然としました。

「あ、心配しないでね。このことはお父様には言ってないから。だって暴露されたらお父様はあなたのことを許さないわ。きっと激怒して、おたくとの契約を打ち切るでしょうね。お得意様を失うことになったら、あなたもさぞかし困るでしょう？」

「うっ、くく……」返す言葉もありませんでした。

「でもいいわ、お父様にはこのまま黙っていてあげる。その代わり、条件があるの」

「条件……とは一体何ですか」

「決まっているじゃない。私にもあの女と同じことをして欲しいの」

思いがけない提案でしたが、私には従うしか術がなかったのです。

こうして、私は里香さんとも肉体関係を持つことになりました。よくよく話を聞けば、彼女も夫婦生活に決して満足していなかったようです。彼女の旦那は商社マンのため海外出張で家を空けることが多く、かまってもらえないと訴えました。

里香さんは私の前で着ていたブラウスとミニスカートを脱ぎ捨てました。服の下には何も着けておらず、ノーパンノーブラでした。

「ねぇ、舐めてちょうだい」

ベッドに仰向けになると、里香さんは指先で肉襞を開いて宝玉を剥き出しにしました。

「あの女のも舐めたんでしょ？　どちらの穴が美味なのか、利きマ○コよ」

私は里香さんの股の間に跪くと、鼻先を茂みの中に埋めて舌を動かしました。

ぺちゃぺちゃ……ぴちゃ。卑猥な音が響きました。すでに濡れたぎっていたのです。

「ああ、上手だわ、やっぱり営業マンだけあってお口が達者なのね……あんっ」

口を窄めて陰核を吸い上げると、里香さんは細身の肢体を仰け反らせて悦びました。

私は手を伸ばして乳房を揉みしだきながら、じゅるじゅると肉裂を啜り続けました。

「ああん……すごい、気持ちいい」

よほど肉欲に飢えていたのでしょうか、里香さんは狂おしいほどよがりまくります。

彼女の性格がきついのも、欲求不満が一因なのかもしれません。

舐めれば舐めるほど、恥裂から淫汁が湧き出てきます。舌でとば口を舐め上げながらニップルを捏ね回すと、乳頭はあっという間に勃起しました。さらに乳繰ってやれば、ひぃひぃと悲鳴を上げて悦んでいました。

里香さんはもう我慢できないようでした。雄々しくそそり勃つ私の肉棒をがっしりと握り締め、切ない声で哀願するのです。

「ああ、オチ○チン欲しいの、挿れて……挿れてちょうだい」

切迫したハメ乞いに、私もたまらず彼女の肉裂にペニスを捩じ込みました。

「はぁあ〜ん」

里香さんは甘ったるい声を出しました。

ピストンするたびに、膣孔がぎゅっと窄まって男根を圧迫してきます。締まりのいい極上オマ○コです。この体では肉欲を持て余すのも無理ありません。肉棒を荒々しく打ち込むと、里香さんは弾かれたように仰け反りました。抽送に呼応するように腹筋が浮き上がり、膣道がより強く締まるのです。

「ああっ、もっとちょうだい、奥まで抉って……チ○ポ気持ちいぃいぃっ」

里香さんは、はしたない言葉を口走り悶え狂いました。まるで肉棒に洗脳されているかのようです。普段の高慢な姿からは想像できない喘ぎっぷりでした。

なおも腰をガッガッと振ってやると、乳房をぶるぶる揺らしながら叫びます。

「最高っ、最高だわぁ……ん、あん、あああっ」

その絶叫は牝犬の遠吠えでした。チ○ポを餌にすると、女は柔順な牝になるのです。

せっかく私の肉棒も温まってきたのに、ここでイカせてしまっては面白くありません。私は意地悪くペニスを引き抜いてやりました。

「ああん、抜いちゃ嫌ぁ。もっと、もっとぐちゃぐちゃになるまで掻き回して」

「はしない女だな。だったら四つん這いになれ。牝犬には相応しい格好だろう」

不意に命令口調が出てしまいました。彼女の浅ましい痴態を目にして、瑠璃子さんを追いやったことに腹が立ってきたのです。

里香さんは素直に四つん這いになり、腰を突き出して牝のポーズを取りました。

私はそのまるまるとした尻を眺めながら、女汁でずぶ濡れになった肉棒を握り締めてオマ○コにぶっ刺しました。

「あぁ～んっ」

「どうだ、バックからだと奥まで届くだろう」

私は里香さんの尻臀を見下ろしながら、ガッガッと腰を打ち据えました。

「いいっ、いいいっ、あぁっ、いいっ」

肉棒を上下するたびに女汁が飛沫を噴き上げ、濃厚な牝臭が匂い立ちました。

私はハメながら里香さんの片脚を後ろへ抱え上げて、燕返しのポーズになるとさらに膣奥へとマラ鉄槌を叩き込んでやりました。

「あぐうぅ、さっきよりも奥まで突き刺さるぅ！」

里香さんの一オクターブ高いよがり声が部屋中に響き渡りました。

ふと見ると、壁際に置かれた姿見に彼女の痴態が大映しになっています。私はベッドに尻を突き、背面座位の姿勢に持ち込むと彼女の両膝を抱えてM字開脚にしてやりました。鏡には結合部がアップで映し出されました。

「ほら、膣にずっぽりと刺さっているのが丸見えだろう。自分で腰を動かしてもっと気持ちよくなってごらん」

里香さんは命じられるままに腰をひねり、ペニスをねじり上げるようなグラインドを見せつけてきました。鳴門——これも私が好きな四十八手の体位です。その名の通り、渦巻く潮を思わせる荒々しい腰つきが肉棒を飲み込みます。

「ああん、だめぇ、オマ〇コがよじれちゃうっ」

足を閉じようとするのを強引に大股開きにさせ、お返しとばかりにこちらも腰を突き上げると、里香さんはビクンッと仰け反りました。ピストンしながら尖ったクリ芽も執拗に指姦してやれば、ピクピクと小刻みに体を震わせて痙攣しっ放しです。彼女の限界が近付いているのは明らかでした。

「……に出して」

「何だって？　もっと大きな声で言わないと聞こえないぞ」

「オ、オマ〇コに出して」

「出すって、何を出して欲しいんだ。はっきり言ってみろよ」

「うう、精液よ。島田さんのチ○ポ汁、オマ○コに出してほしいの。瑠璃子さんにも中出ししたんでしょう？　私、知っているんだから」

里香さんは顔を真っ赤にして訴えました。彼女は嫉妬していたのです。瑠璃子さんに対抗心を燃やして中出しを懇願する——私はそんな彼女が愛しくなりました。

「よし、望み通り、たっぷりとぶちまけてやるよ」

私は全身に力を込め、高速ピストンをかましてやりました。腰を前後左右に振り回すたびにラブジュースがねちゃねちゃと糸を引きます。溢れ出す愛液が泡立ち、陰毛にべっとりと粘り付いているのが何とも卑猥です。不意に私もこみ上げてきました。

「うう、出すぞ、オマ○コに出すぞ」

「ああ、嬉しい。出して、中にいっぱい出してぇ！」

その絶叫を合図に、膣内に大量ザーメン注入を浴びせてやりました。彼女はベッドに倒れ込み、ハァハァと息を荒げています。私は肉棒を引き抜くと、口内に捩じ込んでお掃除フェラをさせました。仰向けに横たわった里香さんの膣孔から逆流スペルマがドロリと溢れ落ちるのが鏡越しに見えました。

里香さんと初めて男女の仲になってから、ずいぶん月日が経ちます。

彼女とのお付き合いは、もうかれこれ二十年近くになるでしょうか。その間、私たちは何度も体を重ね、愛欲を貪り合いました。幸いなことに、留守がちな彼女の旦那にはまだ私たちの不倫はバレていません。

藤原様はすでにお亡くなりになり、里香さんご夫婦がこの家の当主となっています。里香さん——いいえ、若奥様も四十路になり、生来の美しさに加えて艶やかな色香が増してきてまさに女盛りです。瑠璃子さんのことをたまに思い出すこともありますが、今は里香さんとのセックスに十分満足しています。

ひとつ気がかりなのは、今年18歳を迎える里香さんの一人娘・遥香さんのことです。そう、彼女の姿形に、私は自分の面影を見るような気がしてなりません。成長するにつれて、遥香さんは私に似てくるように思えるのです。

もちろん、一粒種の遥香さんを溺愛する若旦那様にそんなことを打ち明けるわけにはいきません。あの日、中出ししたことは今も私と里香さんだけの秘密です。

ゆくゆくは、遥香さんもこの先祖代々の土地を受け継ぐことになるのでしょう。そのときまで彼女の成長を見届ける心積もりです。

一生涯孫子の代までのお付き合い——それが私のモットーですから。

第三章

決して戻ることのできない倒錯の性世界

●焼けぼっくいに火を付けられて、夫にも許したことのないアナル絶頂に耽溺。

元彼セラピストのポルチオ性感で背徳のアナル体験！

【告白者】田村真由美（仮名）／24歳（投稿当時）／主婦

私は現在、24歳です。

夫とは二年前に結婚しました。いわゆる「できちゃった結婚」というやつです。

当時、私は付き合っていた恋人の拓也と破局して落ち込んでいました。自暴自棄になり、深夜のバーで酔い潰れていたところに声を掛けてきたのが今の夫だったのです。

交際するようになってすぐに妊娠し、大学を卒業すると同時に結婚。彼はすでに社会人でしたが、赤ちゃんができたことをとても喜んでくれました。

しかし、幸せを感じていたのも束の間でした。新婚生活と言えば普通ならラブラブなのでしょうが、私は結婚当初から日に日に大きくなっていくお腹を抱えてそれどころではありませんでした。そして——出産、育児に追われる日々。

出産後はとにかく忙しく、子どもに振り回される毎日です。夜、ベッドに入っても夫の求めにも応じることができないほどくたくたに疲れ果てていたのです。

出産して一年ほど経ったたでしょうか。産後、久々に夫とセックスしました。ところが妙なことに、どこか満たされません。以前のように感じないのです。妊娠、出産を機に身体の感覚が変わってしまったのかと思いました。それからも何度か定期的に体を重ねましたが、やはり物足りなさは変わりませんでした。

私、もしかしたら不感症になってしまったかしら？　この歳でセックスを楽しめない体になってしまうなんて……と、ずいぶん悩みました。

そんなある日のこと。普段から仲がいいママ友とランチに出掛けました。彼女はご近所に住む奥様で、3歳の娘さんを持つアラサー世代の先輩ママ。子どもの年齢が近いこともあって、いろいろな相談にのってもらっていました。

女同士のトークというのは生々しいものです。話の流れは自然と下ネタ、夫との性生活の話題になっていきました。私は、近頃は夫とのセックスでは感じなくて欲求不満だということを正直に話しました。彼女はとても共感してくれて、実は自分たち夫婦も似た境遇だと打ち明けてくれました。意外でしたが、彼女も旦那さんとはセックスレス状態だと言うのです。そして、こんな話をしてくれました。

「女性用風俗って聞いたことある？　私、このまえ利用してみたんだけど、すごくよかった。あなたも試してみたら？」

帰宅してからも頭の中がぼぉーっとしていました。「女性用風俗」というワードが耳から離れませんでした。私はいてもたってもいられなくなり、気付くとスマホを開いて「女性用風俗」とキーワードを打ち込んで検索していました。

（すごい、こんなにたくさんお店があるのね）

私は検索結果に上位表示されたお店から順番に、ホームページを覗いてみました。どのページにもイケメンたちがズラリと並んでいます。

夢中になって次から次へとサイトを見ていくうちに、ふと手が止まりました。あるお店の在籍写真の中に見覚えのある顔を発見したからです。

（この顔……もしかして拓也？）

もちろん、最初は他人の空似だと思いました。モザイクがかかっているので、はっきりした顔はわかりません。でも、見れば見るほどよく似ています。

源氏名は「裕也」となっていました。プロフィールを見ると、背格好などは拓也とほとんど同じです。試しに、一緒にアップされているSNSも覗いてみてドキッとしました。目元はスタンプで隠していますが、口元に拓也と同じホクロを発見したのです。

この人、本当に拓也なのかな……気になりだしたらたまらなくなり、勇気を振り絞ってスマホ画面の「今すぐ電話はこちら」をタップしました。

「――ご希望のセラピストはいますか？」と、男性スタッフのさわやかな声。

「初めて利用するんですけど、今日、裕也さんの予約は空いていますか？」

「はい、空いていますよ。今からのご利用ですか？」

「あ、は、はい……今から……お願いします」

思わずそう返事をしてしまいました。子どもは託児所に預けてあるので、夕方まで時間はたっぷりとあります。予約時間前にホテルに入って、部屋番号を電話するように言われて、思っていたよりもスムーズに予約完了。コースはさんざん迷った挙げ句、九十分の「お試しコース」にしました。

急いで身支度をして、指定されたラブホテル街に向かいました。ラブホ街に繰り出すのなんて数年ぶりだったので緊張しました。ネオン看板にドキドキしながら、手頃な料金のホテルにチェックインしました。部屋に入って電話を入れると
「これから二、三分でセラピストが伺いますね」

そわそわしているうちに、ノックの音がしました。ドアを開けると

「はじめまして、裕也です。今日はよろしく……」

私がまじまじと顔を見つめる視線に気付き、彼はそこで言葉を飲みました。

「もしかして、真由美？」

そこにいたのは、やはり思っていた通り、元彼の拓也その人でした。

「久しぶりだね、拓也くん」

風俗を利用するなんて、はしたない女と思われると心配でしたが、今は恥ずかしさよりも拓也と再会できた嬉しさでいっぱいでした。

「驚いたな。今日は指名してくれたんだよね。ありがとう」

拓也の口調には少しよそよそしさがありました。あくまでも、拓也ではなく「裕也」に徹するという彼なりのプロ意識なのでしょうか。

しばらく雑談でお互いに近況報告をしあった後、先にシャワーを浴びて拓也をベッドで待ちました。シャワーからあがった拓也は全裸にバスローブ一枚だけを羽織った姿。割れた腹筋がものすごくセクシーでした。

「では、マッサージしていくね。うつ伏せになってくれる？」

覚悟を決めてバスローブをはだけ、すべてを拓也の前に晒しました。

「昔と少しも変ってないね」

拓也の言葉に体がカァッと熱くなって、アソコがズキンッとしました。

胸から足先までたっぷりとアロマオイルを塗ると、拓也は私に馬乗りになって背中や脇まで指を滑らせます。拓也のオチ○チンはすでに勃起していました。ガチガチに硬くなった肉棒がワレメに直に擦れるのが、ものすごくいやらしい感触です。

拓也の指先は私のきわどい部分をかすめるようにマッサージしていきます。核心部分に攻め込んでくるかと思うとはぐらかされて……の繰り返し。ギリギリまで焦らされて、頭の中が真っ白になって今にも意識が飛びそうでした。

「仰向けになって」

指示通り仰向けになると、首筋から足先まで全身リップで舐め回す拓也。秘部を見られていると思うと、恥ずかしくてまた秘裂が疼いてくるのを感じました。

——と、拓也がいきなり陰唇に口づけをしました。ディープキスのように舌を捏ね回し、クリやラビアを責めたててきます。淫核がみるみる充血するのがわかりました。

「真由美のオマ○コの味、久しぶりだな」

唇を尖らせた拓也が、硬くなった秘豆にチュパチュパと吸い付いてきました。

「ああ、そんな……恥ずかしい」

拓也の舌にぬるぬるの愛液が絡み付き、びちゃびちゃといやらしい音を奏でます。

「あ、だめ、ああ……はあんっ！」

いつの間にか、私は本気で喘いでいました。

その後もクンニ責めが続きました。そして、指姦でイカされたところでプレイ終了。

「いじわる、オチ○チン挿れてほしかったのに」

「ごめんね。店のルールで本番NGなんだ。店長が厳しくてさ」

「でも……拓也と昔みたいにセックスしたかった」

「そうか。それなら、今度は店を通さないで外で会うのはどう？　本当は直引きも禁止だけど、真由美なら特別。俺も真由美とハメたいし」

私は拓也と連絡先を交換し、次は店外デートの約束をしたのでした。

その夜、ベッドに入っても寝付けませんでした。拓也の指や舌の感触がまだオマ○コに残っていて、悶々とした私は思い出しオナニーに耽ってしまったのです。

「何をもぞもぞしているんだ？　まさかオナっているのか」

隣で寝ていた夫が、いつの間にか起きていました。私は激しく狼狽しました。

「おまえもやっぱり欲求不満だったんだな」

夫は私の体に手を伸ばしてきて、パジャマのボタンを外そうとしました。

「やめて。そんなんじゃないから」私は夫の手を振り払って押し退けました。

「やめてやめてと言ったって、ヤッてるうちにすぐによくなるだろう」

夫は私のパジャマを強引にずり下ろしました。そして、力任せに股を割り開くといきり立ったペニスをあてがって、膣の粘膜に突き立ててきました。

「い、痛い、いや……やめて、本当に無理だから」

私は夫を突き飛ばしてしまいました。夫は呆気に取られていましたが、そのまま部屋を出ると、それきり明け方まで帰ってきませんでした。

数日後、拓也との店外デートが実現しました。私は子どもを託児所に預けるとホテルに向かいました。もちろん、待ち合わせたのはラブホテルではありません。拓也はこの日のために超高級ホテルを予約してくれたのです。待ち合わせ場所のロビーに現れた拓也はスーツでかっちりと決めていて、この前よりも一段と男前でした。

「真由美もすごく綺麗だよ」

拓也が唇を重ねてきました。ねっとりした舌が口内に侵入し、舌を絡め取るように吸い付きます。情熱的なキス。私はこういう刺激が欲しかったんだと確信しました。キングサイズのダブルベッドの上で、拓也は恋人時代のように愛してくれました。

私はすっかり気を許して、今の夫との性生活の悩みを拓也に打ち明けてしまいました。最近、不感症気味なこと。そして、夫のチ○ポでは感じなくなったこと——。

「やっぱりセックスで満たされてなかったんだね。この前、指マンして、もしかしたらそうじゃないかと思ったよ。真由美、ポルチオでイッたことないだろう?」

「ポルチオって……なんなの?」

拓也は、ポルチオは膣の奥にある性感帯の一種だと教えてくれました。このポルチオを開発することで「奥イキ」と呼ばれる深いオーガズムを得られるのだとか。

「大丈夫。俺がちゃんとイカせてあげるから」

拓也は、持参したバックからアイマスクを取り出しました。

「やだ、そんなものを使うなんて……なんか変態っぽい」

「いいから、俺に任せて。この方がセックスに集中できるんだよ」

プロである拓也がそう言うなら、信じてみようと思いました。目隠しで視界を奪われると、全身の感度が増したような気がしました。

拓也に首筋を舐められ、胸を優しく揉まれて、少しずつ気分が高まっていきました。羞恥心がこみあげてきましたが、そのせいか心なしかさっきよりも感じやすくなってきたようでした。アイマスクをされていても膣穴がもうびしょ濡れになっているのをはっきりと感じました。拓也のゴッゴツとした指先でクリトリスを触られたときには、そこはすでに硬くコリコリに腫れ上がっていました

「外イキはしたことがあるよね。昔はクリでイッていたでしょ？」

「うん……クリは今でもオナニーで弄っているから、外イキならできそう」

それを聞くと、拓也はクリ責めの手を速めました。さっきよりも激しく、淫芽全体を指でひねったりつまんだり、ときには軽く押しつぶすように弄びます。

それからは連続で絶頂マシンでした。クリ豆を硬い指で執拗に攻められて、記憶が曖昧ですが軽く三回は外イキしたんじゃないかと思います。

「外イキをするとね、子宮が下がるんだ」

ポルチオはその状態の方が開発しやすいのだ、と拓也は説明してくれました。

「そろそろ、挿れるよ」

「ああっ、拓也……きてっ！」

ヌプッ、ズブブッ……拓也のチ〇ポはＧスポットを的確に突いてきます。

「もっともっと、気持ちよくさせてあげるよ」

両足を抱えられ、屈曲位やマングリ返しの浅ましい格好でピストン責めされました。

「こうした方が奥まで届くんだよ」

拓也は半ば私にのしかかるようにして男根を打ち付けてきます。チ〇ポがズブズブ根元まで入ってきて、腰を振るたびに恥骨が陰唇に擦れてすごい密着感でした。

それからうつ伏せにされて、寝バックでも挿入されました。

「ポルチオに当たるように、真由美も自分で動いてごらん」

拓也に促され、恥ずかしさをこらえて腰を浮かせました。

「あああっ、気持ちいい……奥まで当たって感じちゃう、はう、あぅん」

強烈な快感に気が遠くなりそうでした。声が枯れるまで喘ぎ、頭の中はもう真っ白。何度オルガに達したかわかりません。押し寄せる快感の波で全身くたくたでした。

「奥でちゃんとイケた？」

拓也が耳元で囁きました。この快感が奥イキというものなの？　確かに感じたことのない気持ちよさ。私は今まで味わった経験がない多幸感に満たされていました。

でも、拓也とのセックスはこれで終わりではありませんでした。

「もう一回する？」

彼の問いかけに、私は無言のまま頷きました。

拓也のペニスはすでに回復し、逞しくそそり勃ってピクピク脈打っていました。さっきザーメンを発射したばかりだとは思えないほどです。

私は吸い寄せられるようにチ〇ポにしゃぶりつきました。肉棒には白濁した愛液がべったりとこびりついていましたが、そんなことは気になりませんでした。

じゅる、じゅるっ……拓也にわざと聞かせるようにいやらしい音をたてながらペニスに舌を這わせました。亀頭をべろべろと舐め回し、カリの裏にまとわりついたチ〇ポ汁を吸い込んで一滴残さずにお掃除フェラ。

「真由美、昔よりも大胆になったな」

自分でもどうしてこんなに積極的になれたのか、よくわかりません。たぶん、これもポルチオ開発の成果だったのでしょうか。

チ〇ポが愛しくてたまらなくなり、鈴口にチュッと口づけをしました。

「うっ」

拓也が小さく呻き声をあげました。私の口淫で拓也が感じてくれている……そう思うと嬉しくなって、ますます舌奉仕に没頭しました。

「うう……挿れたいから、四つん這いになって」

言われるがまま、牝のポーズになりました。

拓也の手が私のお尻を撫で回し、潤んだ亀裂を指がヌルヌルと掻き回してきます。

「あぁ……はぁ……」

「もうこんなに濡れているなんていやらしいね、あんなにいっぱいイッたのに」

「ああ、嫌ぁ……そんな恥ずかしい言い方しないで」

拓也の指が膣内に潜り込んできて、さっきよりも激しく中を抉るように弄りました。

「あっ、ああ、拓也、そんな……」

膣が痙攣し、腰が思わずガクガクと動いてしまいます。クチュクチュと恥ずかしい音が響き、私と拓也の吐息が混じり合って性感がまた高まってきました。

すると、拓也の指は亀裂をさらに下降し、アナルに伸びてきました。

「あっ、そこは……違う！　やめて、そこ、ダメぇ……」

アナルなんて今まで誰にも許したことはありません。夫はもちろんのこと、拓也にも指一本触られたことなどありませんでした。

私は腰を必死によじって、拓也の指から逃れようとしました。

「アナルはまだヴァージンなんだろう？」

拓也は私の腰を押さえつけるようにして、強引にアナルを指で刺激してきます。

「お尻は……だめぇ……」

恥ずかしさで目に涙を浮かべながら、拓也に懇願しました。

しかし彼の手は全くアナルから離れようとはせず、さらに強く刺激してくるのです。

「お願いよ、だめだったら……あはぁあああっ」

逃れようと腰をよじった瞬間、肛門に拓也の指が入ってきてしまいました。

強烈な痛みと違和感に私は悲鳴を上げ、仰け反りました。

「初めてと言っていた割にヌルっと入っちゃったじゃないか。ほら、こうするともっと奥まで入っていくぞ」

拓也はさらに深く指を挿入し、回転させました。どんなに懇願してもやめようとせず、何度も指をグリグリと出し入れしながらアナルを穿ってくるのです。

「拓也、どうしてこんなことするのよ……」

「真由美が俺に火を点けたんじゃないか。お前のこと、忘れていたはずなのに」

「え？　そんな……だって」

拓也の指姦はさらに激しさを増しました。

「あぁ、もうだめ。あ、はぁぁ」

お尻の穴を弄られるなんて嫌なはずなのに、下半身は熱く疼いていました。

口では嫌々と言いながらも、いつしか私は腰をくねらせて、アナルに挿入された拓也の指を受け入れるまでになっていたのです
「ほらね、だんだん気持ちよくなってきただろう。もっとよくなるよ、アナルの快感をたっぷりと真由美に教えてあげるから」

拓也はそう言うと、私を軽々と四つん這いにさせて腰を高々と持ち上げました。

そして、間髪入れずアナルにペニスを押し付け、強引に挿入してきました。

「い、痛いっ、ひぃぃっ」

粘膜が裂けるような激痛に、私は大声で呻きました。しかし、拓也のバリ硬チ○ポに串刺しにされたようで少しも動くことができません。

私のその反応を尻目に、拓也はゆっくりと腰を動かしました。

「あひぃ、ぎぃいい……！」

菊襞がまくれ上がる感覚とともに、焼け付くような痛みが背筋を駆け抜けました。ところが、何度もペニスを抜き差しされるうちに、不思議と痛みが和らいできて痺れるような快感が襲ってきました。溢れ出した愛液が太腿を伝うのがわかります。

「気持ちいいだろう」

「はう……うん……お尻で感じるなんて恥ずかしい……」

私は腰をくねらせ、自分からも深く肉棒をアナルに招き入れました。脳天が痺れるよう激しい快感とともに、肛門がキュキュと収れんしました。

その瞬間、直腸内のペニスがむくむくと膨張してきました。そして、パンパンになると、拓也の「出るっ！」という絶叫とともに一気に破裂したのです。

アナルから精液を垂れ流したまま、私は全身をガクガクと痙攣させていました。

それ以来、拓也とは定期的に会っています。店外デートだけでは拓也に申し訳ない気がして、彼のお仕事をお手伝いするようにもなりました。

実は私、今は拓也が在籍する女性風俗店で「体験モニター」をしているんです。

あれから拓也はお店のトップランカーになり、女性用風俗の男性講師も兼任するようになりました。講習に参加するのは拓也と女性モニターの私、そして新人セラピストの三人。私は新人セラピスト用の「マッサージ練習台」になるのです。

講習は、拓也の在籍店から程近いラブホテルで行われます。夫には怪しまれないようにスーパーでレジ打ちのパートを始めたのだと嘘をつきました。

新人セラピストはイケメンばかりです。可愛い男の子とエッチをして、バイト代まで稼げるなんて役得。私は講習に出掛けるのが楽しみになりました。

ところが先日、思いがけないことが起きました。

いつものように講習に向おうとラブホのある駅で電車を降りたった私は、なぜか駅の改札口で夫の姿を見かけたのです。

(こんなところにどうして夫がいるのかしら)

不審に思った私は夫のあとをつけてみることにしました。

駅前広場に出た夫は、佇んでいた若い女性に声を掛けました。待ち合わせをしていた様子でしたが、どうやら初対面のようです。軽い挨拶を交わした後、二人は繁華街を抜けてネオン街にあるラブホテルに入っていきました。女性の身なりや仕草から、私は彼女がデリヘル嬢なのだろうと踏みました。

そのとき、最近夫の態度がおかしかったことに思い当たりました。きっと夫はスマホの履歴などを盗み見て、私の浮気に気付いていたのでしょう。それで、当てつけのつもりで自分も女遊びをしてささやかな復讐をしていたに違いありません。

不思議と嫉妬のような感情はまったく起こりませんでした。むしろ、これで私も夫を気にしないで浮気できる免罪符をもらったと思いました。

夫の姿を見届けると、私はきびすを返して講習場所のラブホテルに向かいました。今日はどんなイケメンに会えるかしら。ああ……あのとき、ママ友に女性風俗のことを教えてもらって本当によかった。

そうだ、彼女も女性モニターに誘ってしてみようかしら。イケメンセラピストを交えて4Pを楽しむのもきっと素敵よね……。

ラブホに消えた夫の姿を思い出しながら、私は心の中でつぶやきました。

「いいのよ。あなたがしてくれなくても」

世間が仮面夫婦と呼ぼうとかまいません。今の私には拓也がいるから――。

平凡な家庭、夫との夜のマンネリ夫婦生活に人生を諦めかけていた私ですが、あるきっかけで人生が狂ってしまいました。

●先輩の目の前でカメラマンの肉棒に犯されて不貞オルガに堕ちていく私。

先輩生保レディに誘われ投稿雑誌のハメ撮りモデルに

【告白者】岡元由紀(仮名)／33歳(投稿当時)／パート主婦

私は都内に住む、33歳の人妻です。

25歳で結婚してから浮気もせず夫一筋。夫は優しく、息子にも恵まれてそれなりに幸せな日々を送っていました。

そんな私ですが、最近、何か満たされないものを感じるのも事実です。

まだまだ女盛りだというのに、このまま夫しか知らず年老いていくのかしら。贅沢な悩みかもしれませんが、少しぐらい冒険してみたいと思うときもあるのです。

私は子供の教育費のために保険外交員のパートをするようになりました。

そこで出会った先輩が、私より2歳年上の松嶋麻美さん。仕事がバリバリできるキャリアウーマンです。少し前に流行ったテレビドラマに出演していた女優に似た顔立ちで、若い頃にはさぞかしモテモテだったと思わせる美人です。

私とあまり年齢は変わらないのに、未婚で都内にマンションまで所有しているとか。

後輩をビシビシと叱り飛ばす姿に、私は憧れと尊敬を抱いていました。

私が勤める保険会社では、採用後に二週間の研修期間が設けられていました。ここで保険の仕組や法律上の知識、セールスの基礎などを叩き込まれ、一通りカリキュラムを終えるとＯＪＴと呼ばれる研修。先輩とペアを組み、外回り営業の実地訓練です。

まずは実家の両親に始まって、兄や姉、叔母や従姉などに接触し、たとえ小口でもいいから保険に加入してくれるように必死に頼み込みました。でも、世の中そう甘くはありません。断られるばかりで、売り上げ成績は連日最下位の状態でした。

その日も、外回りから帰社した私は営業所内で松嶋さんに叱咤されました。

「しっかりしてちょうだい。この調子ではやっていけないわよ」

パワハラの文字が脳裏に浮かびましたが、成績を上げられない自分のせいだから文句は言えません。叱られるたびに泣きそうになり、何度も辞めようと思いました。

そんなある日のことです。いつものように松嶋さんに叱られた元気がない私を、同僚の保険外交員・Ａさんが喫茶店へ誘ってくれました。

「そんなに落ち込まないで。まったく松嶋さんったら、自分は仕事ができるからって偉そうにしているわよね」

「仕方がないわ。彼女に認められるように、もっと頑張らなくちゃ」

「私ね、松嶋さんがあんなにも他人にきつくあたるのって欲求不満の裏返しなんじゃないかと思うのよ」

「まさか。あんなにモテそうな松嶋さんが欲求不満なんてことあるわけないわ」

「じゃあ、ちょっとこれを見て」

Ａさんはバックから一冊の雑誌を取り出しました。

「このエロ雑誌、ウチの旦那が持っていたんだけど……ほら、ここに写っている女性、松嶋さんに似ていると思わない？　絶対に本人よ、これ」

そう言って、彼女はページを指さしました。その雑誌は「投稿写真誌」とかいうもので、マニアが自らのセックスを「ハメ撮り」して編集部に投稿するのだそうです。

私は周囲のテーブルを気にしながらおそるおそる誌面を覗き込みました。

そのページには、こんな見出しがついていました。

〝ネットで出会った男と即マンに狂った尻軽エリート生保レディ〟

女性の顔は一応ボカシが入っていますが、薄消しなので目鼻立ちはほぼ丸見えです。

その顔は、確かに彼女の言う通り松嶋さんにそっくりでした。いえ、似ているというどころではありません。私の目にも同一人物にしか見えませんでした。

雑誌の中の松嶋さんは、全裸で肉棒にしゃぶりつき、恍惚の表情を浮かべています。

写真には、投稿者の男性のこんな一文が添えられていました。

『勤務先では後輩生保レディを厳しく指導するキャリアウーマンですが、私の肉棒の前ではしおらしく吸茎ご奉仕に明け暮れて――』

ページをめくると、今度は正常位でチ○ポに貫かれて喘いでいる姿がアップで掲載されていて、私は慌てて雑誌を閉じてしまいました。

「ね？ 驚いたでしょ。ハメ撮り写真を見たなんて、松嶋さんに内緒よ」

強く念を押され、私は放心したまま頷くばかりでした。

翌日、私は恥ずかしくて松嶋さんの顔をまともに見ることなどできませんでした。外回りに出ても、松嶋さんの痴態が頭に浮かんで仕事がまったく手に付きません。当然、営業成績は伸び悩み、私は段々と追い込まれていきました。

そんなことが続いたある日の夕方、私は松嶋さんから飲みに誘われました。

「岡元さん、このまま営業ノルマが達成できないとまずいわよ。言いにくいけど、上は辞めてもらった方がいいと言っているわ」

「そうですか……すみません、ご迷惑をお掛けしてしまって」

「お子さんのためにお金が必要なんでしょ？　クビにされたら困るわよね。いいわ、もう少し会社にいられるように私が上に掛け合ってみるわ」

てっきり説教されると思っていたのに、意外な展開にびっくりしました。

「その代わり、私のお願いを聞いてもらえるかしら」

「お願いとは……？」

「ちょっとしたアルバイトをしてみない？ 雑誌のモデルをして欲しいの」

「え、それって……もしかしてエッチな撮影のことですか？　実はその……私、松嶋さんが雑誌に載っているのを見ちゃったんです」

内緒にしておくつもりだったのに、思わずバラしてしまいました（さすがにAさんの名前は伏せておきました）。

「なぁんだ、そうなの。知っていたなら話は早いわ。こういうの、興味があるんじゃないかと思っていたのよ。ほら、岡元さんって男に飢えた顔をしているから」

松嶋さんったら、私をそんな目で見ていたのね……ちょっと意外でしたが、欲求不満気味だったのはあながち間違いではありません。さすが、トップセールスレディだけあって人を見抜く力があるのね、と妙に感心しました。

「岡元さんなら器量がいいし、絶対いけるわよ。ヌード撮影もあるけど、体のラインが綺麗なうちに写真に残しておくのも悪くないと思うわ」

松嶋さん一流のセールストークにまんまと乗せられ、結局誘いを受けるはめになってしまいました。今の私の立場では断るのもためらわれましたし、正直に告白すると、アバンチュールを楽しんでみたいという気持ちもあったのです。

週末、夫には「昔の同窓生と食事する」と嘘をついて家を出ました。向かった先は、都内の一等地に建つタワーマンション。松嶋さんのご自宅でした。

広々したリビングに、松嶋さんともう一人、中年の男性が待っていました。たぶん、あの写真を撮ったナンパカメラマンでしょう。男は「星野」と名乗りました。

「こちら、この前お話した岡元由紀さん。あなたの好みでしょう?」

「ああ、なかなかいい女じゃないか。いい作品が撮れそうだ」

全身を舐め回すような粘着質な視線に、股間の辺りがカァッと熱くなりました。

「じゃあ、早速始めようか」

星野さんの指示で、撮影がスタートしました。初めは私服でのポートレートでしたが「いいね」などとおだてられるうちに、気付けば下着姿になっていました。ベッドの上で、要求されるがまま四つん這いなどの注文に応じていく私。

松嶋さんはソファに座り、撮影の様子をじっと見つめていました。職場の先輩に見られていると思うと、恥ずかしくて顔から火が吹き出しそうでした。

「下着も全部脱いで。脚を開いてごらん」

不思議と拒めませんでした。まるで催眠術にでもかかったかのように、言われた通りにM字開脚ポーズになりました。

彼はカメラを置くと、松嶋さんからローターを受け取って私に手渡しました。

「それでオナってみせて」

「え、そ、そんなこと……」

さすがに戸惑いましたが、条件反射のように勝手に指が動いていました。ローターを使った経験はありますが、他人の前で公開オナニーなんてもちろん初めてです。

「おお、すごい。もうオマ〇コがグチョグチョになっているじゃないか」

「あん、そんなに見ちゃイヤぁ」

星野さんは秘穴ギリギリまでカメラを近づけて、超接写モードで嬲ってきます。

私は夢中でオナニーに没頭しました。ブゥーンというローターの振動音に「ピチャッ、クチュッ」と湿った音が時折混じるのが恥ずかしくてたまりません。

星野さんは、いつの間にか服を脱ぎ捨てていました。オチ○チンは、ギンギンという表現が相応しいぐらいに勃起していました。

「いやらしい……いつもそんな風にして自分で慰めているのね。岡元さんのオナニーを見ていたら私も興奮してきたわ」

松嶋さんはそう言うなり、肉茎にしゃぶりつきました。その姿は、まさに投稿雑誌で見たあの痴態そのままでした。私が見ていることなど眼中になく、こなれた舌遣いで涎まみれになって一心不乱にオチ○チンを舐め回します。

「麻実、ほどほどにして、由紀さんにもしゃぶらせてあげなさい」

「いや、やめて、私は……」

そう言いかけた口を松嶋さんに押さえ込まれ、無理やりこじ開けられました。そこへ星野さんの逞しい男根が強引に侵入してきました。

「うっ……うぐっ、ぐふっ」

星野さんのペニスは主人のモノとは比べ物にならないほど硬く、太さも一回り以上はあります。肉棒を口いっぱいに頬張り、私はえずいてしまいそうでした。

私を背後から羽交い絞めにしていた松嶋さんの手が、股間に伸びてきました。そしてすでにドロドロに濡れふやけた肉唇を弄ってきました。

「女に触られるのもいいものでしょ。もっと気持ちよくなっていいのよ」

「また麻実の悪い癖が出たな。こいつは両刀遣いだからな」

松嶋さんにそんな趣味があったなんて知りませんでした。私は生まれて初めての女性同士のエッチにいつしか快感を覚えていました。

そんな私たちのレズプレイに、星野さんもいたく興奮したようです。

「そろそろ挿れるぞ」

肉孔にペニスをあてがうと、一気に突き勃ててきました。「やめて！」と拒もうとしましたが、両脚を背後から松嶋さんにガードされて逃れようがありません。

星野さんの肉棒が入ってきた刹那、オマ〇コが「裂ける！」と思いました。極太ピストンを打ち込まれるたび、膣襞を抉られるような凄まじい感触です。

「岡元さんばかりずるい……私にもチ〇ポ、挿れてください」

松嶋さんがか細い声でセックスを懇願しました。彼女のこんな切ない表情など、会社では一度も見たことがありません。

「まったくは欲張りな女だな。わかった、わかった。麻実のオマ○コにも挿れてやるから、そこに寝なさい」

その言葉を合図に、松嶋さんは私を羽交い絞めにしたまま、ベッドにごろりと仰向けになりました。ちょうどスカイダイビングのタンデムを裏返したような形で、上側に私、下側には松嶋さんのオマ○コが縦一列に並んだ格好です。

「ははは、直列マ○コとは、なかなかいい眺めだ」

星野さんはそう言うと、麻実さんと私を交互に犯しました。最初に松嶋さんの膣穴に挿れてしばらくピストンしたかと思えば引き抜き、彼女の白濁恥液でぬらぬらと濡れ光るペニスをそのまま私に突っ込みます。

「ああっ、気持ちいい、もっとしてぇ!」

「あん、こっちにも挿れて……あはぁ、すごく感じちゃう!」

二人の喘ぎ声が輪唱のように部屋中にこだましました。私も松嶋さんもまるでお互いに張り合うかのように声を振り絞って喘ぎっぱなしです。

「うう、ザーメン出したくなってきた。どちらのオマ○コでイこうかな」

星野さんがニヤニヤしながら、意地悪そうに呟きました。

「あん、私の穴でイッってください」

私は思わずおねだりしていました。

「だめ、私のオマ○コでイッってくれなくちゃ嫌だわ」

松嶋さんも負けずに絶叫します。

ピストンが次第に速まってきました。そして最高潮に達したかと思うと、星野さんは「うっ」という短い叫び声とともに私のオマ○コで果てたのです。

私はしばらく放心状態のまま、ベッドの上で動くこともできませんでした。傍らでは松嶋さんが悔しそうな表情を浮かべていました。

その日以来、私と松嶋さんの立場が少しばかり逆転したようでした。

女というのはおかしな生き物です。星野さんとアブノーマルな不倫エッチをしてからは私の中で何かが吹っ切れたのか、保険の契約がどんどん取れるようになりました。星野さんの肉棒が私の殻を破ってくれたようでした。ダメダメだった以前が嘘のように営業成績は右肩上がりで、上司からの評価もガラリと変わったのです。

そんな私に、松嶋さんは心なしかジェラシーを感じているようでした。たぶん、私に星野さんを奪われるとでも思ったのでしょう。会社で松嶋さんと顔を合わせるたびに気まずかったのですが、私は平静を装っていました。

星野さんとまた会ったのは、二週間後のことでした。彼の方から「会いたい」と連絡してきたのです。今度は松嶋さん抜きで、単独でホテルで落ち合いました。

「会うのはかまわないけど、写真はもう勘弁して。私には家庭があるのよ。万が一、夫にあんな姿を見られたら身の破滅だわ」

「大丈夫だよ。ちゃんとボカシを濃いめに入れてやるから」

そう言って、持参したバックからまたカメラを取り出しました。

星野さんは私を専属のハメ撮りモデルにしたいと言いました。松嶋さんの体に飽きてきて、他の「被写体」に乗り換えたいと思っていたようです。

「麻実は性格がきついからな。俺は由紀さんみたいな癒し系の方がタイプなんだ」

そんなことを言われると嬉しくなり、私も積極的に身を委ねてしまったのです。

彼は先日よりも激しく、サディスティックな本性を剥き出しで責めてきました。この日はローターではなく、バイブで弄ばれました。

「尻を出して、四つん這いになりなさい」

素直にお尻を差し出し、腰を高々と突き上げました。びしょ濡れのオマ○コはもちろん、アナルまで丸見え。もはや牝犬同然……いえ、牝犬以下です。

「後ろからぶち込んでぇ。オマ○コ、ぐちゃぐちゃに掻き回して！」

自分でも信じられないぐらい卑猥な言葉が自然と口をついて出ました。

バイブを容赦なく割れ目に穿たれ、膣壷をぐりぐり掻き回されました。愛液が撹拌されて、みるみる白く泡立ちます。

「あうっ、そこ……気持ちいいです」

「おとなしそうな顔してスケベな女だな。これだから人妻はたまらないな」

彼は悦に入って、さらに奥まで責め苛んできます。もうこれ以上は無理というところまでバイブで貫かれて、オマ○コが張り裂けてしまいそうでした。

快感のあまり前後不覚となり、私は無意識のうちに陰唇に指を忍ばせていたようです。

「誰がマンズリしていいと許可した？　オナニーしろとは一言も命令してないぞ。身勝手なことをするんじゃない」

ピシャリ！　いきなりお尻を平手打ちされました。

「ひっ！」腰を引いて逃れようとすると、さらに往復尻ビンタで追い打ちしてきます。

「い、痛いっ、許して……あ、ああ、嫌ぁ」

「うるさいぞ、ちょっと黙れよ」

彼は膣内で唸りを上げていたバイブを引き抜くと、汁まみれになったその淫具で私の口を塞ぎました。そして、空いた肉穴には間髪入れず肉棒を突っ込んできました。

「んんっ……んぬぅ、むうぅぅ！」

バイブを咥えていたので、喘ごうとしてもくぐった声しか出せません。

「この前よりも感度が上がっているんじゃないのか。二回目で俺のチ○ポにこれほど馴染むとは、これだから人妻のオマ○コはたまらないんだよな」

彼の肉棒が女陰を縦横無尽に暴れ回り、思わず身を捩りました。

「ほら、喘いでみせろよ、もっと声を出していいんだぞ」

パンッ、パンッ！

「んーっ、んん──っ！」

お尻がヒリヒリ痺れてきましたが、彼は追撃の手を緩めるどころか、ますます力を込めてスパンキングを浴びせてきました。

バシッ、バシッ！　バシバシバシバシッ……仕舞には太鼓のように連打されました。

「あああっ、やめてぇえ！」

叫んだ瞬間、咥えていたバイブがベッドの上にポロリと落ちました。

「ダメじゃないか。落としたらお仕置きだと言ったよね」

彼は私の目の前に回り込んで、お尻を差し出してきました。

「アナル、舐めろよ」

「……いやぁっ」

抵抗もむなしく、肛門を口に強引に押し付けられました。

「舌を出しなさい。ケツ穴がピカピカになるまで、しっかりと舌掃除するんだよ」

仕方なく、舌をチロチロと動かします。

「その調子だ、こそばゆくて気持ちいいぞ。ついでに玉舐めもしてくれ」

言われた通り、玉袋に吸い付き、皺を伸ばすようにベロベロ舌を這わせました。陰囊がふやけるまで舐めつつ、後ろから手を回してペニスもしごいてあげました。

彼はたぎる男根でヴァギナをまた串刺しにしてきました。

「ケツ舐めが上手にできたご褒美に、由紀のここも気持ちよくしてやるよ」

彼は足元に転がっていたバイブを拾い上げて、肛門にあてがいました。そして、愛液を指ですくって肛門に擦り付けると、グイグイと捩じ込んできたのです。

「あ、そこはだめぇ」

必死にアナルを食い締めようとしましたが、ピストン責めが気持ち良すぎてすぐに力が抜けてしまいます。垂れ流しの愛液が天然ローションとなったのか、バイブは意外なほど「するんっ」とアナルに飲み込まれてしまいました。

「あはぁ……ん」

思わず声が出ました。お尻の穴を弄られるなんて数年ぶりのことです。20代の頃に付き合った彼氏と興味本位でアナルセックスを試してみたことはありましたが、結局未遂に終わり、それ以来セカンドバージンでした。

オマ〇コは肉棒、肛門はバイブで嬲りものにされて、これまでに経験したことのない恥辱を味わいました。まるで体の中から抉られるような感覚。ピストンされるたびに、膣とアナルを隔てた粘膜を削り取られていくようでした。

「ひぃぃっ、こんなの初めて……おかしくなっちゃいそう！」

頭の中が真っ白になって、半分意識が飛んでいました。たぶん、白目も剥いていたんじゃないかと思います。私はもう無我夢中で二穴責めに酔い痴れました。

「くうぅ、オマ○コの締め付けが半端ないな、由紀は」

「もう、恥ずかしいわ……ああ、あはぁんっ」

「イキたいのか。イッていいぞ、イケよ、ほら」

星野さんのピストンが加速しました。

「おおお、だめ、イク、イッちゃうっ！ あああぁあっ！」

はしたない喘ぎ声を張り上げながら、私は一気にオーガズムに達しました。

絶頂を迎えた後も、しばらくの間、オマ○コの痙攣が止まりませんでした。

その後も星野さんとの不倫密会はしばらく続きました。

しかし、その関係はある日突然終わりました。夫に浮気がバレてしまったのです。

事の発端は一枚の写真でした。ある日、私が保険営業から帰宅すると、夫がリビングで怖い顔をして待ち受けていました。

「郵便受けにこれが入っていたぞ。なんだ、これは？」

夫は茶色い封筒を差し出しました。封筒に差出人の名前はなく、開けてみると中からは紙切れのようなものが出てきました。

それは投稿雑誌の切り抜きでした。それを見た私は息を飲みました。そこには、星野さんと松嶋さんに凌辱される私の姿が写っていたからです。

顔にはボカシが入っていましたが、身体的な特徴などは見る人が見ればわかります。特に、私の体を隅々まで知っている夫の目はごまかせるはずもありません。

どうしてこんなものが……と思った瞬間、はっとしました。ハメ撮りのことを知っていて、私の自宅の所在地を知っている人――松嶋さんしか考えられません。

「ここに写っているのはお前だよな。どういうことなのか説明してくれよ」

厳しく問い詰められて、これまでの出来事を渋々白状しました。

脳裏に、松嶋さんのほくそ笑んでいる顔が浮かんでいました。星野さんに捨てられたことを逆恨みしたのに違いありません。先輩として尊敬していたのに、こんな仕打ちをされるなんてショックでたまりませんでした。

●コンプライアンスの存在しない会社に巣食うエロリーマンの密かな楽しみとは。

新人女性社員の操を蹂躙する未来なき会社と鬼畜課長

【告白者】峰村正孝（仮名）／44歳（投稿当時）／会社員

私は、某女性下着メーカーにて課長をしております。商品販売部という部署で、いわゆる営業を専門におこなっています。そんな商品販売部では、一年にいちど商品開発がおこなわれます。開発といっても下着ですから、デザインの変更がほとんど。デザインを担当する部署が新商品のプロトタイプをつくり、それに関して意見を出し合うことを目的としておこなわれるのです。名前だけきくとただ意見を出し合う会議のように思われるかもしれませんが、実際は「下着のファッションショー」。新商品を着用したモデルさんが、社員たちの間を歩き、下着をお披露目していきます。

景気がよかったころは本物のモデルさんを呼び、また本格的な場所を借り切っておこなわれていたのですが、経費削減が叫ばれている昨今、場所は社内の会議室、モデルは若い女子社員というのが通例になっていました。

そして今年も新商品会議の時期がやってきたのです。

モデルは、建前では立候補が基本となっていました。実際は、仕事とはいえ社内で下着姿を晒すことに抵抗がある女子社員がほとんど。「部署の推薦」という名の上司命令によって参加させられるケースが常態化していました。

また、本物のモデルさんにお願いしていたころの名残か、下着モデルとなった女子社員は、ブラとパンツに加えてハイヒールをはきます。その姿で、会議室を歩くのですから、自分のスタイルに余程自信がない女子社員以外は、たいてい恥ずかしがります。しかし、それでは新商品下着の選定に支障が出るということで、選ばれた女子社員たちは、会議前日に、外から招いた講師による〝歩き方指導〟なるものを受けることになっていました。

いよいよ新商品会議がはじまる直前、私はある女子社員に対して特別な思いを持っていて、始まるのが楽しみで仕方ありませんでした。

話は前日にさかのぼります。

講師を招いての歩き方講習のときです。私は総務部のベテラン女子社員に、下着モデルの女子社員たちの歩き方がきちんとできているか、いっしょにみて欲しいと頼まれたのです。そういう依頼は、今年が初めてのことでした。いつもの講習だと、モデルの女子社員たちと講師、そして管理的な意味で、総務部のベテラン女子社員がいるだけでした。

心あたりはありました。昨年のことです。我社イチオシで、かなり責めたデザインの下着を着用した女子社員が、恥ずかしさのあまり、途中でしゃがみこんでしまったのです。結果、その女子社員は辞表を提出したようですが、こんな会社にはいられないと思ったのでしょう。

セクハラとして訴えられかねないイベントですから、コンプライアンスにうるさい昨今では、いずれ廃止になると思われます。だからこそ廃止になるまでの間、スケベな気持ちも含めて、真剣に下着ショーに取り組みたいと思っていたのです。

今回モデルとして参加するのは女子社員十八名。年齢は十九歳から二十三歳まで。ピチピチの若い娘さんたちです。ひと通り講習を終えていた彼女らは、本番さながらに私が見ている前でモデルばりのウォークを見せてくれます。

堂々としていて楽し気に歩く女子社員、恥ずかしさが抜け切らずモジモジする様子が隠せない女子社員、不貞腐れた様子で歩く女子社員などさまざまでした。

「もう少しパンツのリボンを強調する感じで！」

「この下着はお尻のラインが特徴だから、後ろ姿を見せる時間を気持ち長く！」

というように、私は気になった都度、彼女たちに指導しました。

そして私をもっとも悩ませた、経理部所属の千里の番がやってきました。名前はあとから知ったのですが、彼女は新卒一年目の二十二歳でした。

最初に彼女を見たとき、脚が長くてスタイルがいいなあと思いました。おまけに背も高く本物のモデルさんのようです。ただし、堂々としているかというとそうでもなくて、少し恥ずかしそうに歩いています。

ちなみに彼女が着用している下着は、我社が夏に向けて売りだそうとしているもので、パンツのかたちに特徴がありました。通常のパンツはウエストの部分がたいてい真っ直ぐな直線なのですが、このパンツはそこそこ深いV字です。ともすれば陰毛がハミ出してしまう場合もあります。お客様が穿いてハミ出すぶんにはまったく問題ないのですが、社内のショーで陰毛がハミ出した状態で歩くのはいただけません。年配の役員などから、下着に集中できないとお叱りを受けるかもしれません。

そのため、千里が私に近づいてきたとき、ことさら股間を凝視しました。するとどうでしょう。陰毛こそハミ出してはいませんでしたが、パンツから黒々としたものが透けて見えています。もちろん陰毛です。

「ストップ!」

新商品会議を成功させたい一心の私は思わず叫んでいました。

「キミ! ちょっとこっちへ。う〜ん、この黒いのは何とかならないのかね」

私の指摘を聞いて、総務のベテラン女子社員が近づいてきます。

「峰村課長! どうしました?」

「いや、これだよ」

私は千里の股間を指さしました。千里は申し訳なさそうに無言で立っています。

「ああ、なるほど。これはどうしましょうか?」

「たしかに透ける薄さではあるけど、陰毛が透けてると役員たちに突っ込まれるかもしれない。下着を披露するのが本来の主旨だからね」

「パンツのなかに薄手のショーツをはかせましょうか?」

「いや、それは不自然だよ。せっかく薄手のパンツなのにゴワゴワしてしまっては、下着のいいところをアピールできない」

私たちは頭を抱えました。直後、ベテラン女子社員が千里のほうを向いて信じがたいことを言い放ったのです。

「あなた、明日はとても大切な会議なの。処理する気持ちはある？　もちろん会社が費用は負担します」

「負担って？　脱毛サロンということかね？」

「そうです、課長。彼女がＯＫすれば、ということですが……」

「会議は明日だぞ。間に合うのか？」

ベテラン女子社員は、任せてくださいといわんばかりの顔でいいました。

「私の知り合いがサロンで働いています。ここからはちょっと遠いですが、いま電話すれば、なんとか今日中にはやってくれると思います」

「そうか！　そりゃよかった。キミ、さっそく……」

と、千里のほうを見た私でしたが、彼女はなにやら神妙な顔付きです。

「どうしたね？　問題あるかね」

「あの……下の毛を剃るってことでしょうか？」

彼女がか細い声でたずねてきます。

「まあ、そうだね。いいじゃないか、この機会にキレイになれば。ついでにほかのところも脱毛してもらいなさい」

ベテラン女子社員も大きく頷いています。

「総務の私からもお願いするわ。それにあなたも、陰毛が透けた状態で歩くのはいくら何でも恥ずかしいでしょう！」

私とベテラン女子社員の勢いが凄すぎたのか、結局千里はしぶしぶながらも脱毛を了解してくれ、すぐにサロンに行くことになりました。

そして千里以外のモデル女子社員たちのウォークが再開されましたが、ほかの女子社員たちはとくに問題がなさそうでした。

その約五時間後、私のデスクに千里がやってきました。

「課長、戻りました。ご報告しておこうと思いまして」

「そうか！　今回はありがとう。で、総務の彼女には見てもらったのかね」

「いいえ、まだです。いま外出中らしくて、戻りが八時ごろになるそうです」

「八時！　そんな時間までキミを引き留めておくことはできんしなあ。……わかった、私が確認しよう」

千里は少し驚いたようでしたが、「わかりました」と言うと、私といっしょに応接室に向かいます。

「ところで、例の下着はどこにある？」

「いまはいています。サロンではいてみて自分で確かめてみましたから」

そして千里は制服を脱ぎ始めました。スケベな目的ではないとはいえ、若い娘と狭い応接室でふたりだけでしたから、私はかなり興奮していました。

「ちょっと狭いけど、ここで歩いてみたまえ」

私の指示に従い、下着姿の千里が、応接室のなかを行ったり来たりします。

「ああ、いいね！　歩き方もさっきより板についてきた感じだ」

「ありがとうございます」

千里の歩き方はともかく問題は股間です。私は陰毛の透けが本当に解消したのかいまいちど確認することにします。

「ちょっとこっちに来なさい。透けてないかどうか最終確認する必要があるから」

陰毛は完全に処理されているようでした。パンツに透けて少しだけ地肌が見えていましたが、陰毛が生えていた気配すら感じさせません。

「これは驚いた。さっきまであんなに黒々だったのに。これぜんぶ剃ったのかい？」

「あ、はい。会社が費用を出してくれるっていうので、ＶＩＯ（ヴィアイオー）ぜんぶキレイにやりました」

「ん？　なんだって？　ヴィアイオー？　どういう意味だね」

「ビキニラインとか、アソコのまわりとか、お尻の穴のまわりとか、ぜんぶ脱毛してもらったんです」

「お尻の穴も？　なるほど、いまはそういうところも脱毛するんだね。もう少し確認したいから、パンツをちょっと下ろしてみなさい。そうだな……あと三センチくらい」

本当はもう確認は終わっていたのですが、若い娘の下着姿を至近距離で見て、私の下半身がムクムクと反応するのがわかり、余計な要求をしていました。しかし、千里はそんな私の要求に対し、素直に従います。

「こんな感じですか、課長」

マ〇コの亀裂まであと一センチというところでしょうか、千里は大胆にもそこまでパンツを下ろして、屈んでいた私の顔のあたりに恥丘部分を近づけてきました。

「こんなにキレイに毛がなくなるものか。いやあ、これはすごい。で、さらに下はどうなってる？」

　そして私は、千里の了解を得ないまま、パンツをさらに下ろしました。

「課長！　なにするんですか！」

　思わず力が入ってしまった結果、パンツは膝あたりまで下ろされていました。同時に、一直線のマンスジが……。それは、まるで少女のようなワレメです。

「課長やめてください！」

　千里はそういいながら、パンツを上にあげようとしましたが、私はその手を押さえ付けてワレメにさらに顔を近づけました。

「キミ！　これはすごくいい股間だよ。まるで下着モデルのためにあるかのような、いい股間だ。これなら、明日の新商品会議も成功間違いなしだ。ホントによくやってくれた。私はキミを誇りに思うよ」

　そう言いながら、私は千里のワレメに指を這わせました。

「課長、どういうことですか！　こんなの聞いてません！　手をどけてください！」

　千里は必死に抵抗していましたが、私は力づくで彼女を床に押し倒し、両脚を広げました。すると亀裂も少し広がり、内部からいわゆる〝具〟が顔を出しました。性欲をそそるピンク色です。

「おとなしくしろ！　産毛が残っていて透けたりしたら私が怒られるんだよ！」

そして千里のマ〇コに顔を近づけます。

「うん、これなら申し分ないかも。でもまだ心配だ。マ〇コ内部の具が、いつハミ出すとも限らんからな。今のうちに奥深くに押し込んでおかないと」

「何のことですか！　具がハミ出すって。脱毛したから、もういいじゃないですか」

暴れる千里を、私はさらに力を入れて押さえ付けます。そして今度は、ワレメを手で広げました。

「これだから新人は困るんだ。念には念を入れないと、適当な仕事をしてると出世できないよ！」

「そんなの関係ないじゃないですか、意味がわかりません」

千里のマ〇コの内部は少し湿っています。応接室の照明に照らされてときどきいやらしく光りました。私はすっかり気分を良くしたのですが、逆に千里を叱責します。

「なんだこれは！　試作品とはいえ大切な商品にマ〇コの汁が付いたらどうするんだ！　キミみたいなビンカンな娘は、お仕置きしとかないとダメだ。私の責任問題にも発展しかねないよ、これは」

そして私は、指をマ〇コの奥に挿入して、汁をかき出すかのように動かしました。

「もうやめてください！　セクハラというかレイプですよ！」

しかし千里の抵抗する声は、私の衝動をさらにかき立てこそすれ、抑える方向にははたらきません。そしてグチョグチョに濡れたマ〇コを見て、溜息をつきました。

「はあ……、下着を汚したばかりか、こんなハレンチな汁が本番中に垂れでもしたら」

私のチ〇ポはもうフルボッキ状態でした。結婚二十年目の妻とは身体の関係はとうになく、妻に性欲を刺激されることは皆無。しかし、私の目の前でマ〇コを晒している若い娘の姿に私の気持ちはもう決まっていました。スジマンへのチ〇ポ挿入です。

私がズボンとパンツをおろしてチ〇ポを取り出すと、両脚をがっちりと押さえ付けて強引にチ〇ポの先をワレメに這わせました。

「課長……いまやめてくれたら、誰にもいいません。だから……お願いします」

千里の身体には相変わらず力が入っていましたが、声自体は諦めたかのよう。

「悪いようにはしないから……わかるね。キミの濡れやすい体質が問題なんだよ。何回かイったほうがいい。私が協力してあげるから。明日の準備で仕事がいっぱい残ってるんだけど、キミのためにこうして時間を割いてあげてるんだよ、感謝しなさい」

そう言うと、私は一気に突き刺しました。

「あああ！　こんなのって……。私、どうしたらいいの……」

若い娘のマ〇コはとんでもなくいい締まり具合でした。最初にゆっくりと時間をかけてチ〇ポを往復させ、こなれてきた頃を見はからい、激しく出し入れします。

いつの間にか千里の身体は力が抜け、開脚した状態でされるがままになっています。

「うっ、うっ、うっ」

チ〇ポが出し入れされるタイミングに合わせて、千里がうめき声をあげました。顔は横を向いていて、手で口のあたりを押さえています。

「悲しそうな声を出さなくてもいいんだよ。いま改善の方向に向かってるからね。キミも処女ってわけじゃないんだろ？　たかがチ〇ポが入ったくらいのことじゃないか」

「課長……私、婚約者がいるんです。来年には結婚しようと思ってたんです」

チ〇ポが子宮口にあたった瞬間、彼女がそんなカミングアウトをしてきました。

「そうか……それはめでたいことじゃないか。だけど、今日のことは業務の一環だからね、婚約者もわかってくれるんじゃないかと思うよ」

「相手は、同じ会社の人なんです……」

「なんだって！　だけどキミ、業務の一環とはいえ、婚約者には黙ってたほうがいいかもしれないな。だって、キミのマ○コ、こんなにグチョグチョに濡れてるもの。こんなの仕事だと思ってくれないよ」

千里のカミングアウトを聞き、チ○ポに新たな血流が入り込むのがはっきりわかりました。さっきよりもボッキしています。

私はふとあることを思いつき、マ○コからチ○ポを抜いて、千里を四つん這いにさせました。千里はまったく抵抗することなく、お尻を私のほうに向けました。

そして私はバックでマ○コにチ○ポをねじ込みます。瞬間、千里がうめいたのですが、激しいピストンを繰り返しても、小さなアエギ声をあげるだけでした。

「さっき、お尻の穴も脱毛したっていってたけど、チェックを忘れてたよ。生ハメのついでに確認するからね」

そして私は、千里のお尻の穴に指を這わせました。

「たしかに見た目も感触もツルツルだ。こんなとこまで脱毛する必要なかったのに。お尻の穴の毛が見えるような下着は我社では扱ってないから……勉強が足りないな」

私の腰と千里の尻がぶつかる、パンパンという音が応接室に響きわたります。マ〇コはさっきよりも濡れているようでした。

「困ったなあ、さっきよりもグチョグチョじゃないか！　こんなんで明日の本番大丈夫かね？　まあ、いい、とりあえずイカせてもらうよ」

「課長！　中に出すのだけはやめて下さい」

沈黙していた千里が、急に大きな声を張り上げました。

「AV男優じゃなくてただの課長だからなあ、射精のコントロールとかムリだよ！」

そしてさらに激しいピストンを繰り返しました。

「課長、ダメです！　危険日なんです！」

千里はまた叫びました。悲痛な叫びです。最初はかなりのキツマンでしたが、ボッキチ〇ポを何度も何度も出し入れされて、マ〇コがすっかり開き気味になっています。そのため、チ〇ポの先が簡単に子宮口に届きます。その感触があまりに気持ち良かったため、千里の必死の懇願は、私にはほとんど聞こえていませんでした。

「課長！　もうダメです、イキそう！」

直後、千里がカーペットを両手で握りしめて、身体をビクビクとさせました。マ〇コが急に強く締まり、チ○ポを圧迫します。

千里がイク姿を見た私は、さらにチ○ポが脈動し、射精が近いことを感じます。

「おい！　中で出して欲しいんだっけ？」

「ダメダメダメ！　中はダメです！」

千里は泣き叫びました。

次の瞬間、私はマ○コからチ○ポを抜き去り、千里の背中に射精しました。最初から中出しするつもりはありませんでした。ザーメンは、千里の首のあたりまで飛んでいました。私の年齢にしてはかなり飛んだほうではないでしょうか。すっかり満足した私は、千里の背中のザーメンをティッシュで拭ってやります。

「じゃあ、明日の本番、期待してるよ！」

そう言って一足先に応接室を出て行きました。


そして新商品会議の当日。いよいよ下着ショーが始まります。私が注目していた千里は五番目に登場。しかし、堂々とした感じではなく、なにやら変な歩き方で……。どうしたことだろうとしばらく見ていましたら、ガニ股気味になっています。これには会議参加者全員がザワつきました。総務部のベテラン女子社員は私に視線を向けていますし、役員の何人かは眉間にシワを寄せています。

もはや下着の品評どころではありませんでした。

「ストップ！」

見かねた役員のひとりがウォークを中断させます。

「どうした？　体調でも悪いかね？」

ここで私は千里に声をかけました。

「いいえ、そうではありません。うまく歩けなくて……」

そのとき、役員の中でただひとりの女性が信じられないことを言いました。

「え〜と、あなた経理部の新人ね？　ウチの会社は社員のプライベートにまで口を出すつもりはありません。でも、前日くらいはセーブしないとね」

つまり、女性の役員は、千里が前日にセックスのやりすぎで脚がガクガクになってしまったと思っているようでした。心当たりのある私は、ちょっとやりすぎたかと反省しましたが、千里の視線が私に注がれていることもあり、つい余計なことを……。

「キミ、たしか婚約者がいるっていってたけど、相手はその彼かい？」

会議参加者がふたたびザワつきます。役員たちのなかには、「その発言はセクハラと同時にコンプライアンス違反だろう」と批判する者もいました。女性の役員の発言は問題視されていないため、私がそんな発言をしたことが問題になったようです。

新商品会議が終わったあと、私は役員たちに呼ばれ反省を促されます。ヘタをすると始末書では終わらず、減俸や配置転換もあるとのことでした。我社は旧態依然とした会社ですから、これで部長への昇進はなくなったといえます。私はとんだところで地雷を踏んでしまいました。千里のマ〇コの感触があまりにも良かったので、上手くいけばセフレにしたいと思っていたのですが、それどころではなくなりました。

●部長の性略人事にハメられて肉体接待の道具になることも拒めない日々。

高慢キャリアOLへの人事異動は枕営業主任への栄転

【告白者】浜辺美由紀（仮名）／31歳（投稿当時）／人妻OL

私はイベント会社人事部に勤務する31歳の人妻です。

私には昔から困った癖があります。それは他人の持ち物が欲しくなってしまうこと。今の夫とも不倫の末、前妻から略奪しました。そして、れっきとした夫がいながら、現在も複数の男性をつまみ食いして社内不倫を楽しんでいる身分です。

私が社内でこんな好き勝手ができるのも、林部長の後ろ盾があるからです。

部長は次期専務への就任が確実視されていて、ゆくゆくは社長になると囁かれている大物です。単なる契約社員に過ぎない私が社内の人事に口を出せるほどの陰の権力者と呼ばれるのも、手練手管で部長に付け入り寵愛を受けているからでした。

自慢ではありませんが、私は幼少時より美貌をチヤホヤされ、若い頃から男に不自由もせず骨の髄まで染み込んだ高慢プライドを鼻にかけていました。学生時代には読者モデル経験もあり、磨き上げたスタイルには三十路を迎えた今も自信があります。

その自尊心を傷付けられたのは、中途入社したある男性社員の歓迎会でのことでした。女子トイレの個室で用を足していた私は、同僚のこんな噂話を聞いたのです。

「浜辺さん、部長に気に入られているからって最近調子に乗りすぎよね」

「本当よね。部長なんかもう50代でしょ？　いくら出世のためでもあんなオジサンに媚を売って股を開くなんて、私はごめんだわ」

「それに比べたら、今回入ってきた高田君は素敵よね。若くて見てくれもいいし、それに父親は大企業の重役でしょ。うちで採用したのも、御曹司のコネを使ってスポンサー契約を取りたいからだってもっぱらの噂よ」

今までもこの手の陰口を社内で耳にしたことは何度もあります。しかし、その日は聞きたくありませんでした。なぜなら、私はその新入社員を狙っていたからです。

私は人事部所属なので、新入社員のデータは住所から学歴、趣味、家族構成まで全て把握しています。彼の情報はこの通りです。

名前：高田政彦（25歳）

出身大学：W大学政治経済学部
趣味：テニス、スキー

家族構成：婚約者あり
履歴書の顔写真を見たときから、タイプだなと思っていました。

そんなことより、私をその気にさせたのは「婚約者あり」という項目でした。これを見た途端、略奪癖に火が点いてしまったのです。

——同僚なんかに先を越されてたまるものですか。

私はなりふり構わず、行動に打って出ました。トイレから戻ると、高田君の隣の席に座って、酔った振りをしてしなだれかかりました。

「人事部の浜辺さんですよね。父からお噂はかねがね耳にしています」

高田君はあっけらかんとした素振りで、そんなことを言いました。彼のお父さんが私を知っているのは意外でした。林部長経由で伝わったに違いありません。

「いやだわ、どうせろくな噂じゃないんでしょう？」

「いえ、波辺さんはこの会社では一目置かれるマスコット的な存在だから、くれぐれも粗相のないようにしろと釘を刺されましたよ。はははは」

そんな調子で話が弾み、私たちはすっかり打ち解けました。そして、二次会がお開きになると、どちらからともなく腕を組んでラブホ街に向かっていました。

数多くの男と肌を重ねてきた私ですが、彼はこれまで出会ったどの男とも違いました。一度も男性に見下された経験のない私を、最初から牝として扱ったのです。

そう、高田君はラブホに入った途端、豹変したのでした。歓迎会での爽やかな印象がまるで嘘のように、彼はサディスティックな性癖を剥き出しにしました。

「浜辺さん、プライドが高そうな割に意外と可愛らしいところがありますよね。会社では女王様気取りみたいですが、案外ドMだったりして」

「何言っているの。やめてよ、もう」

内心、本性を見透かされたようでドキリとしました。

「澄ましてても無駄ですよ。部長の老いぼれマラ一本じゃ満足できない好色女なのに」

ああ、やっぱりそうなのね……頭がクラクラしました。

(林部長は私との秘め事を周囲に言いふらして、自慢していたんだわ。それもよりによって取引先の重役にまでバラしてしまうなんて)

しかも「社内秘」であるはずのその情報を一部始終知っているその息子が今、目の前にいるという事実に私は愕然とするばかりでした。

「部長さんにしているみたいに、僕のチ○ポもたっぷりとしゃぶってくれませんか」

彼はそう囁くと、目の前に硬くなった男根を差し出してフェラを促してきます。髪を掴まれ、えずくまで唇を割られて、節くれ立った肉棒で口内を蹂躙されました。私は半泣きになりながらに、無理やり喉深くまで飲み込みました。

「経験を積んだ人妻だけあって、見事なフェラですね。僕の彼女など足許にも及ばないおしゃぶりだ。部長のチ○ポ汁を飲み干すエロ素顔をもっと披露してくださいよ」

彼はすぼめた頬にペニスの影が浮くフェラ顔を鏡でまざまざと見せつけてきました。僕の彼女――その言葉を聞いた瞬間にジェラシーが湧き、私は対抗心を燃やすように剛直に絡み付く舌先にいっそう力を込めて咥えました。

「おふっ……噂通りの淫乱だね。玉舐めも頼みますよ。部長の皺だらけのキンタマ袋をいつも舐め回しているというじゃありませんか」

高田君は口淫刺激に呻き声を漏らしながらも、不遜な態度を崩そうとしません。どうして自分よりも年下の、しかも中途採用されたばかりの新人にこのような扱いをされなくてはならないのか、と少し腹が立ってきました。

「玉を舐めろだなんて……そんなはしたないことしたくないわ」

「できないと言うならハメはお預けですよ。いいんですか？」

彼はいきり勃ったペニスで私の横面を張りました。二度、三度——そして、さらに力を込めると、往復ビンタのように左右の頬を張り倒したのです。

「い、痛いっ、やめて、馬鹿にしないで——」

叫ぼうとした口に陰嚢を押し付けられ絶句しました。玉袋はパンパンに膨らんでいて、息もできないぐらい。私は彼に言われるまま、腫れあがった松毬に舌を這わせ、睾丸を口に含んで服従するしかありませんでした。

じゅるっ、じゅぷっ、ちゅるるる。どれだけ舌奉仕をさせられたでしょうか。

（このままでは窒息しそう）

そんな絶望がよぎった刹那、玉袋から口唇を引き剝がされました。そして、ベッドに転がされると、息つく間もなく淫棒が秘肉を割って這入ってきました。

若いイケメンとの情事——そんな甘美な期待はことごとく裏切られ、挿入されてからのセックスも彼の支配が続きました。

「部長としているみたいに、大好きな騎乗位挿入で尻振りアクメしてごらん」

「恥ずかしいわ。部長を引き合いに出さないで……ああ、あはぁんっ」

恥辱の上塗りになることは十分承知していましたが、彼のペースに引きずり込まれてしまい、懸命に腰使いを披露しました。

「床上手と聞いていたのに、これで経験人数3桁とはとんだマグロ女ですね。股座が擦れてちょっと痒いじゃありませんか」

彼はそんな憎まれ口を叩いて、グラインドを嘲笑しました。その代わりに、私の腰を掴むと上下に揺さぶって強制ピストンを繰り出してきたのです。

「あぐっ、くひぃ、いい——っ」

もはや私のプライドはズタズタです。恥骨をゴッゴッと打ち付けられるたびに淫汁が飛び散ってしまい、羞恥のあまり顔から火が噴き出しそうでした。

「ああ、だめぇ、もう……」

「なんだ、もうイキそうなんですか。もっと楽しませてもらえると思っていたのに、口ほどにもないただのスケベじゃありませんか」

「あん、だってあなたのオチ○チンがすごすぎるから」

つい本心が口を突いて出てしまいました。実際、高田君とのセックスは林部長や夫の何十倍も気持ちよく、私はたまらず喘ぎ叫んでいました。

「あああ、すごい、ぎ、ぎもぢいいぃぃぃぃぃ!」

膣底までガクガク突き上げる騎乗位に膣襞を削り取られ、自分でも信じられないほどのマゾ酔いに乱れ狂いながら、私は昇天してしまったのでした。

翌日、私は出社早々、林部長に会議室まで呼び出されました。

「昨夜の歓迎会では早速、高田君をお持ち帰りしてお楽しみだったそうじゃないか。まったく、相変わらず手癖が悪いな。ふふふ」

含み笑いを浮かべながら、そう言い放ちました。

「部長、酷すぎるわ。高田君に私との関係を吹き込むなんて」

「まあ、恨むな。彼はアチラの方もなかなか有能だっただろう。父上の優性遺伝子を受け継いだようだな。いや、高田君の父親は私の大学時代の先輩でね。W大の種馬と鳴らした男だが、今も接待ではずいぶんお世話になっているんだよ」

「高田君が入社したのも、ひょっとして部長のご意向だったのですか」

「君も知っての通り、この不景気で社の業績はガタ落ちだ。このままでは私の出世も白紙になりかねない。社長からもなんとかしろと詰められていてね。私としてはどうしても太いスポンサーを引っ張ってくる必要があった。そこで君に一肌脱いでもらうことに決めたというわけだ。君を我が社の人身御供にしたんだよ」

「そんな……」

うろたえる私に、部長は茶封筒から一枚の紙を取り出して私に差し出しました。

A4サイズのその紙には、こんな一文が記されていました。

『浜辺美由紀殿
辞令
本日付をもって、貴殿を現職の任を解き、枕営業主任に任命する。

今後ますますの活躍を期待する。

以上』

枕営業主任？　それって一体——私は目を疑いました。

「部長、なんですかこれは」

「見ての通りだよ。社内的な肩書は営業主任だが、君に任せたい業務は肉体接待だ。君には、高田君の下半身サポートに回ってもらうことにした」

「そんな仕打ち、あんまりだわ」

「今までどれほど目をかけてきたと思っているんだ。そろそろ会社に貢献してもらわないと。それに近頃、君の行動が目に余るとクレームが上がっていてね」

部長は私の手を掴んで、続けました。

「正直、私も肩の荷が下りたよ。君にとっても、私みたいな中年より高田君のような若くて逞しいチ○ポの方が嬉しいんじゃないのか」

部長はズボンのチャックを下すと、掴んでいた私の手を股間に導いて肉棒を無理やりに握らせました。

「君の昇進記念に、ザーメンの祝い酒だ。ほら、チ○ポをしゃぶりなさい」

部長はそう言い放ち、ムクムクと膨張してきたペニスを私の口に含ませました。

部長は大学時代、体育会系で鍛えていたので年齢の割に力があります。抵抗しようにも、女の私には為す術もありません。私は吸茎指令に屈し、最後のご奉公のつもりでおしゃぶりに励んで、口内で破裂した部長の精液を飲み干したのでした。

倉庫を出て部署に戻ると、同僚の白い目にいたたまれない気分でした。デスクに座り、パソコン画面をスリープから起ち上げると、社内チャットにメッセージが一件届いていました。差出人の名前は「高田」でした。

『終業後、備品管理室で待っているから来て』

高田君からのメッセージにはそう記されていました。ちょっと戸惑った挙げ句、私は一言『承知いたしました』――と返信しました。

　仕事を終えて地下の備品管理室に行くと、高田君はすでに待ち受けていました。

「昨夜はすっかり酔っ払ってしまいました。ハメを外してしまったようですね」

彼はドアに鍵を掛け、白々しい口調で言いました。

「いえ、私こそどうかしていたようだわ」

　お坊ちゃま育ちとは言え、まだ大学を出て間もない青二才です。昨夜の乱暴狼藉は酒に酔った勢いでさすがに反省しているのかとも思いましたが、次の瞬間、そんな淡い期待は見事に裏切られました。

「ところで浜辺さん、林部長のザーメンは美味しかった？」

　頭の中が真っ白になりました。そんなことまでもう筒抜けになっているなんて……。

　恥ずかしさのあまり、足がガクガク震えました。

「辞令はもう、渡されたよね。本日付で発令のはずだ」

「あの紙切れね、部長にもらったわ」

「辞令を受け取っているなら、その口のきき方はおかしいでしょう」

「……部長から、いただきました」

「結構です。しっかりと職務を全うしてください。あなたが僕のチ○ポを満足させてくれなかったら、親父の会社からの発注は打ち切りですよ。この会社の命運はあなたのオマ○コひとつにかかっているんですからね」

「は、はい」

「従業員満足が顧客満足度に繋がる、というマーケティング理論をご存じですか？顧客を満足させて業績を上げたいなら、まずは社員を満足させないとね」

父親から帝王学を聞きかじったのか、彼は意味不明な理論をぶちました。

「さあ、わかったら早速仕事にとりかかってもらいましょうか。ぐずぐずしている暇などありません。少しでもザーメン生産性を高めてくださいよ」

そう言うと、彼は私の制服をはだけました。私は社内では白ブラウスに紺色のタイトなミニスカート――OLがよく着るスタンダードな事務服で働いています。ブラウスから片乳が露わにこぼれ、スカートは下着ごと下ろされて股間丸出しになりました。

（これから先、いつまでこんな生活が続くというの……）

性処理用道具の身を嘆きながらも、裏腹にペニスを欲してしまい、一晩中肉ペットにされた翌朝も睡眠不足のまま出社して、また淫乱ハードワークに励む私です。

不倫手記
イク事を知った女の卑猥な濡れあと懺悔

２０２３年８月２８日　初版第一刷発行

発行人　後藤明信
発行所　株式会社　竹書房
〒102-0075　東京都千代田区三番町8-1
三番町東急ビル６Ｆ
Email: info@takeshobo.co.jp
ホームページ：http://www.takeshobo.co.jp
印刷所　中央精版印刷株式会社
デザイン　森川太郎
本文組版　有限会社　マガジンオフィス